Georg Blume

Der Frankreich-Blues

W0196315

Georg Blume

DER FRANKREICH-BLUES

Wie Deutschland eine Freundschaft riskiert

Bibliografische Information der Deutschen Nationalbibliothek

Die Deutsche Nationalbibliothek verzeichnet diese Publikation
in der Deutschen Nationalbibliografie; detaillierte bibliografische
Daten sind im Internet unter http://dnb.d-nb.de abrufbar.

© Edition Körber, Hamburg 2017

Umschlag: Groothuis. www.groothuis.de
Umschlagsfoto: Getty Images / sebastienlory
Herstellung: Das Herstellungsbüro, Hamburg |
buch-herstellungsbuero.de
Druck und Bindung: CPI – Clausen & Bosse, Leck
Printed in Germany

ISBN 978-3-89684-198-8

www.edition-koerber.de

Inhalt

1. KAPITEL

Alleingänge, keine Spaziergänge

Warum Deutschland Frankreich schlecht aussehen lässt

Es gibt einen neuen, unausgesprochenen Konsens unter den politischen Eliten der Berliner Republik: Frankreich ist nicht mehr Deutschlands ebenbürtiger Partner an der Spitze Europas. Frankreich ist schwach. Es hat eine kränkelnde Wirtschaft. Es hat eine unzuverlässige Wählerschaft. Es hat instabile soziale und politische Verhältnisse. Und seine Intellektuellen hängen der Vergangenheit nach.

Diese neue deutsche Elite hat den Frankreich-Blues. Anders als die Elite der Bonner Republik will sie nicht mehr zu Frankreich aufschauen. Stattdessen empfindet sie den Nachbarn am Rhein als zurückgeblieben: in seiner Mentalität, seinem Alltag, seiner Wirtschaft und in seiner Politik.

Der neue französische Präsident Emmanuel Macron verändert diese Sicht auf Frankreich vorerst nicht. Schon kurz nach seiner Wahl druckte die *Süddeutsche Zeitung* Bilder von ihm in Feldherrn-Pose, die an historische Auftritte des Generals de Gaulle erinnerten. Das sollte den Präsidenten als »Napoleon, den Dreieinhalbten, genannt Emmanuel Macron« verspotten, so Chefredakteur Kurt Kister. In Wirklichkeit aber deutete die Zurschaustellung Macrons auf ein Wiederaufleben der jahrhundertealten deutschen Kritik an der verspielten Selbstdarstellung französischer Politiker. Noch in der Bonner Republik wäre diese Kritik sogar gegenüber einem sehr viel bonapartischer als Macron auftretenden Präsidenten, nämlich gegenüber François Mitterrand, undenkbar gewesen. Sogar als Linkssozialist genoss Mitterrand mehr Respekt bei deutschen Leitartiklern als Macron heute.

Bundeskanzlerin Angela Merkel trägt einen großen Teil Mitverantwortung für die Abwertung Frankreichs als Verbündeter. Im Gegensatz zu den früheren Präsidenten- und Kanzlerpaaren hat sie in den vergangenen zehn Jahren ihrer Zusammenarbeit mit Nicolas Sarkozy und François Hollande nichts Entscheidendes unternommen, um dem augenscheinlichen Bedeutungsverlust Frankreichs an der Seite Deutschlands entgegenzuwirken. Im Gegenteil: Wenn es darauf ankam, bevorzugte sie Alleingänge. Nach Fukushima hängte sie Sarkozy mit dem abrupten deutschen Atomausstieg ab. Die technokratische Elite Frankreichs, die das Land heute ins Digitalzeitalter pusht, war und ist aber zur gleichen Zeit immer noch eine Atom-Elite, im zivilen wie im militärischen Sinne. Macron selbst gibt heute das beste Beispiel dafür. Er stützt die Atomwirtschaft Frankreichs und die atomare Abschreckungsmacht des

Landes, über die er nun selbst als oberster Befehlshaber entscheidet. Doch er kennt auch die Grenzen der Atompolitik und will den Anteil der Atomenergie an der französischen Stromproduktion drastisch reduzieren. Dennoch fühlte auch er sich in der Fukushima-Krise von Deutschland übergangen und ignoriert. Als Wirtschaftsminister musste er anschließend um das Überleben der französischen Atomindustrie kämpfen, die auch durch den Ausfall des deutschen Partners ihre Zukunftsfähigkeit bedroht sieht. Selbst überzeugte deutsche Atomgegner sollten sich darüber nicht zu früh freuen. Denn Frankreichs Atommacht wird durch den Brexit und die Nato-Krise im Zuge des neuen Isolationskurses von US-Präsident Donald Trump im europäischen Kontext militärisch aufgewertet. Die Bundeskanzlerin aber trägt dem bisher keine Rechnung – sicherlich weil es in Deutschland nicht populär wäre. Doch wäre es nicht europapolitisch längst geboten? Die Bonner Eliten, die die Bundeskanzler Helmut Schmidt und Helmut Kohl einst mit den Pariser Eliten gegen die deutsche Friedensbewegung und ihren Pazifismus stützten, hätten das längst so empfunden. Die Berliner Eliten stützen dagegen Merkel in ihrem Frankreich-Blues.

Auch in der Flüchtlingskrise vier Jahre später entschied sich Merkel für den Alleingang: Sie öffnete die deutschen Grenzen ohne gründliche Abstimmung mit Hollande. Wieder fühlte sich eine ganz bestimmte Pariser Elite überfahren: nämlich diejenigen französischen Politiker und Intellektuellen, die noch an Frankreichs Ruf als Land der Menschenrechte glauben. Sie mussten nun zusehen, wie Deutschland ihnen den Rang ablief.

Gerade diese beiden historischen Entscheidungen trugen entscheidend zum Ansehen der Kanzlerin innerhalb von Deutschlands neuen, weltoffenen Eliten bei. Sie mehrten auch weltweit ihren Ruhm. Doch was nur wenige bemerkten: Sie stellten Frankreich in den Schatten, ließen die Nachbarn am Rhein schlecht aussehen.

Mit 50 aktiven Atomreaktoren musste Frankreich vielen ökologisch engagierten Deutschen nach ihrem angekündigten Atomausstieg wie der potenzielle Todsünder vorkommen. Was würde erst passieren, wenn sich ein Atomunfall wie in Fukushima in Frankreich ereignen würde? Für jeden Strategen der deutsch-französischen Freundschaft ist das seit der Tschernobyl-Katastrophe im Jahr 1986 eine Horrorvision. Schon damals reagierte die Öffentlichkeit auf beiden Seiten völlig entgegengesetzt: die Franzosen allzu unbesorgt, die Deutschen leicht hysterisch. Seitdem hätten die Regierungen in Paris und Berlin im Prinzip alles dafür tun müssen, damit nicht ein Atomunfall der Zukunft ihr Bündnis in Gefahr bringt. Stattdessen blieb das Atomthema ein Tabu, bis Fukushima beide Seiten noch weiter auseinandertrieb.

In der Flüchtlingskrise sahen die Nachbarn aus deutscher Sicht auch nicht besser aus. Wochenlang wollten deutsche Zeitungsredaktionen im Herbst 2015 von ihren Korrespondenten in Paris vor allem eines wissen: Wie viele Flüchtlinge nimmt Frankreich auf? Noch Anfang September 2015 hatte Hollande spontan für tausend in München gestrandete Flüchtlinge die Weiterreise nach

Frankreich organisiert – als Geste der Solidarität auch gegenüber Deutschland. Dann sagte er die Aufnahme von weiteren 30 000 Flüchtlingen innerhalb eines Quotenplans der Europäischen Union zu. Doch was machten die Deutschen? Sie öffneten ihre Grenzen und nahmen Hunderttausende auf. Wie knickerig und kleinkariert erschienen da plötzlich die Franzosen! Tatsächlich schämten sich viele französische Menschenrechtler für die mangelnde Großzügigkeit ihres Landes und bewunderten Deutschland. Und schon wieder entstand der Eindruck: Paris und Berlin gehen getrennte Wege.

Als Merkel noch im gleichen Jahr als mögliche Friedensnobelpreisträgerin ins Gespräch kam und später vom US-Magazin *TIME* als Person des Jahres auf den Titel gehoben wurde, wäre niemand mehr auf den Gedanken gekommen, die deutsche Kanzlerin hätte solche Ehren auch gemeinsam mit dem französischen Präsidenten erringen können. Wiederum aber entging es den meisten, welche enorme moralische Niederlage das für die deutsch-französische Freundschaft bedeutete. Nach dem Handschlag zwischen François Mitterrand und Helmut Kohl über den Gräbern von Verdun 1984 erschien es doch vielen, als könnten Frankreich und Deutschland international Großes nur noch zusammen leisten. Auch nach dem gemeinsamen Nein von Jacques Chirac und Gerhard Schröder gegen den Irakkrieg sah das so aus. Heute nicht mehr.

Die deutsche Politik betrieb diese Entwicklung nicht mutwillig, aber sie ließ sie geschehen. Ohne es kundzutun, erweckte sie zunehmend den Eindruck, auf Frankreich als gleichwertigen Partner verzichten zu können. Eine Umfrage der *Deutschen Gesellschaft für Auswärtige Politik (DGAP)* im Frühjahr 2017 fand heraus, dass nur noch 29 Prozent der 18- bis 29-jährigen Deutschen das Verhältnis zwischen Paris und Berlin für »sehr wichtig« hielten, im Gegensatz zu 60 Prozent bei den über 60-Jährigen. Auch die jungen Deutschen hatte bereits der Frankreich-Blues gepackt.

Daran ist vieles im Alltag nur allzu verständlich. Als meine Familie vor vier Jahren aus Indien nach Frankreich zog, dachten wir, in die europäische Heimat zurückzukehren. Bald aber kam uns in Paris vieles fremder vor als im globalisierten Ausländerviertel von Neu-Delhi. Wir erschraken vor den städtischen Krippen in Paris, die uns wie anonyme Verwahranstalten für Kleinkinder erschienen. Wir stritten uns mit französischen Nachbarn, die offenbar noch nie Kinderlärm gehört hatten. Unsere leicht alternative, den Kindern viel Platz einräumende Lebenskultur passte nicht ins etwas steife, traditionsbewusste Paris mit seiner für Kinder durchaus autoritären Art. Und doch fanden wir nach einer Weile unseren Platz in Paris: in einer von den Eltern selbstverwalteten Kindertagesstätte mit städtischem Öko-Label oder an der Seite französischer Familien jüdischen Glaubens, deren Blumen unsere Kinder gossen. Nie wäre uns trotz aller Schwierigkeiten eingefallen, das Leben in Paris nicht als Privileg zu empfinden. Mein Beruf machte es möglich. Wer sonst kann es sich schon leisten, in der Stadt der Liebe zu leben?

Die französische Hauptstadt ist heute für Bewohner

wie Gäste über alle Maßen teuer. Ihre Innenstadt gleicht an vielen Orten einer luxuriös ausgestatteten Pralinenschachtel. Das enttäuscht viele junge Deutsche in Paris, während umgekehrt junge Franzosen begeistert sind, wie billig und unkonventionell Berlin sein kann. Dabei ist in beiden Städten auffällig, wie oft sich junge Franzosen und Deutsche auf Englisch verständigen. Gut, dass es den obligatorischen Schüleraustausch noch gibt, den schon Charles de Gaulle und Konrad Adenauer mit Gründung des deutsch-französischen Jugendwerks vorsahen. Von allein kommen sich junge Franzosen und Deutsche nämlich auch heute nicht näher.

Noch immer ist der Schulunterricht in Frankreich meistens frontal – diskussionserprobte deutsche Schüler finden das langweilig. Noch immer tun sich viele Franzosen mit Fremdsprachen schwer, obwohl sie im Durchschnitt zumindest Englisch viel besser sprechen als früher. Allerdings bleibt ihr Akzent in der Regel sehr ausgeprägt; man verzeiht es ihnen nicht mehr so wie früher. Es erscheint einfach nur rückständig.

Kritisieren können selbst frankophile Deutsche heute viel an Frankreich. Oft nicht ganz zu Unrecht. Doch es führt sie auf falsche, gefährliche Wege. Denn schon verlieren die deutschen Eliten das Vertrauen in ihren wichtigsten und größten Nachbarn. Die Kanzlerin übrigens allen voran, die mit ihrer beiläufigen, auf Routine beschränkten Frankreich-Politik Europas Zusammenhalt gefährdet.

»Nicht ein einziges Mal erwähnt sie Frankreich«, notierte der mit Macron ins Amt gekommene französische Wirtschaftsminister Bruno Le Maire, als er im Januar 2012 der Eröffnungsrede von Angela Merkel für das Weltwirtschaftsforum in Davos zuhörte. Später beschrieb Le Maire in seinen Buch *Zeiten der Macht* die deutsch-französischen Beziehungen als eine Ehe, der eine Scheidung drohe. Die Liebe ist verstrichen, die Interessen gehen auseinander, das große Unheil naht, beobachtete Le Maire. »Meine Briefe sind nicht stumm, sondern beschwörend: Du kannst einfach nicht lesen«, zitierte er die große englische Schriftstellerin Virginia Woolf – als wüsste er im Voraus, dass niemand in Deutschland ihn verstehen würde.

Genau darum aber geht es heute: Um die rechtzeitige deutsch-französische Eherettung nach zehn Jahren belanglosen Nebeneinanders, die zu einer ersten großen Ehekrise mit unabsehbaren Folgen führen könnte. Denn die Notwendigkeit dieser Ehe ist größer denn je. Wer will schon ein Europa ohne deutsch-französische Freundschaft?

Im Grunde wäre alles verloren. Zum Beispiel der Traum vom vereinten, friedlichen Europa, von einem europäischen Sozialstaat, der der Globalisierung standhält. Und von einem Europa, das Klima- und Umweltschutz vorantreibt. Ohne deutsch-französische Freundschaft ließe sich der islamistische Terrorismus nicht bekämpfen. Die Terroristen des einen fänden im Land des anderen Unterschlupf, womöglich als politisch Verfolgte. Der Glaube an die Versöhnung, daran, dass sich die alten Gräben in Europa wirklich überwinden ließen, wäre dahin. Denn noch immer ist die deutsch-französische Freundschaft dafür der weltweit respektierte Beweis. Ohne sie wäre die Welt eine andere. Der Frieden in Europa, an den Rändern ohnehin brüchig, würde aus Sicht der übrigen Welt nichts mehr taugen, wüsste man Frankreich und Deutschland im ernsthaften Streit. Das Vertrauen der weltweiten Investoren in den europäischen Kontinent würde dauerhaft leiden. Alles Folgen, die sich Eliten und Bevölkerung längst nicht mehr vorstellen können. Wir sind hier alle, Franzosen und Deutsche – Politiker, Intellektuelle und Bürger –, wie Kinder, die auf die Scheidung ihrer Eltern nicht vorbereitet sind. Ahnungslos, welcher Einbruch uns droht, wenn der Bund, den wir spätestens mit dem deutsch-französischen Freundschaftsvertrag von 1963 fürs Leben geschlossen haben, zerbricht.

Wie nahe die Scheidung zumindest in den Gedanken schon ist, das zeigte sich im deutsch-französischen Wahljahr 2017. Die Briten hatten zuvor den Brexit gewählt und die Amerikaner Trump. Aber würden die Franzosen deshalb gleich Marine Le Pen wählen? Trauten die deutschen Beobachter ihnen das wirklich zu?

Genau das taten sie, jedenfalls die Eliten in Medien und Politik. Als wären die Franzosen dazu imstande, eine rechtsextremistische Präsidentin an die Spitze ihres Landes zu setzen, mit ihr dem Nationalismus zu frönen, die Grenzen zu schließen, Ausländer und Flüchtlinge zu verjagen und die Europäische Union zu verlassen! Mit den französischen Präsidentschaftswahlen im Jahr 2017 näherte sich ein als rassistisch und nationalistisch angesehenes Frankreich den gängigen Vorstellungen der deutschen Politik. Wer wollte mit diesem Frankreich noch befreundet sein?

Vor »umstürzende[n] Folgen für Europa« warnte die *Süddeutsche Zeitung*, die mit Sicherheit frankophilste aller großen deutschen Tageszeitungen, noch am Tag vor der Stichwahl am 7. Mai, als Macron in den Umfragen bereits weit vor Le Pen lag. Und sogar die frankreichfreundliche Chefredakteurin der DGAP-Zeitschrift *Internationale Politik*, Sylke Tempel, hielt es für »nicht ausgeschlossen, dass Madame Le Pen in den Élysée-Palast einziehen könnte«.

Es war, als hätten auch die treuesten Frankreich-Freunde in Deutschland ihren Glauben an das Land der Menschenrechte und der großen Revolution von 1789 verloren. Zumal die Kanzlerin dem Kandidaten Macron zwar alles Gute wünschte, doch im Gegensatz zu den führenden Sozialdemokraten Deutschlands keinerlei Zuversicht äußerte, was die Wahlen in Frankreich betraf. Das war ein pathologischer Frankreich-Blues. Frankreich war im Frühjahr 2017 nicht auf dem Sprung zurück oder ins antieuropäische Abseits. Bei aller nötigen Kritik am Nachbarn: Diese Einschätzung sagte mehr über die deutschen Kritiker als über die Franzosen aus.

Frankreich befand sich im Frühjahr 2017 auf dem Weg der wirtschaftlichen Gesundung. Die Arbeitslosigkeit war erstmals seit acht Jahren wieder in den einstelligen Prozentbereich gesunken. Die privaten Haushalte investierten wieder mehr denn je seit der internationalen Finanzkrise 2007, und auch die Investitionsbereitschaft der Unternehmen nahm zu. Vieles deutete darauf hin, dass die seit seiner liberalen Kehrtwende vom Frühjahr 2014 unternommenen Reformen Hollandes endlich zählbare Ergebnisse abwerfen und Macron seine geplanten Veränderungen erleichtern würden.

Vor allem aber hatte die Serie islamistischer Terrorattentate, die in Frankreich zwischen Januar 2015 und Juli 2016 über 200 Todesopfer forderten, das Land nicht seiner demokratischen Gelassenheit beraubt. Umfragen zeigten, dass nach den Attentaten der Wert der Toleranz bei den Franzosen höher denn je im Kurs stand. Auch führten Wirtschaftskrise und Terror zu keiner Zeit dazu, dass sich in den Umfragen eine Mehrheit der Franzosen von Europa und dem Euro abwandte.

Wussten die deutschen Eliten auf einmal nicht mehr, was in Frankreich besonders gut funktioniert? Nämlich Krankenhäuser, Sozialhilfe und Arbeitslosenversicherung. Wussten sie nicht, dass in Deutschland prozentual mehr Arme leben als in Frankreich? Und dass vor allem die Art und Weise, wie der französische Staat mit seinen Sozialhilfeempfängern umgeht, oft eine ganz andere ist als bei uns? Sie werden nämlich in aller Regel als Bürger mit rechtmäßigen Ansprüchen empfangen und nicht, wie so oft in deutschen Sozialeinrichtungen, als Bürger, die der Gemeinschaft zur Last fallen. Noch heute lässt sich allgemein sagen: Besser arm in Frankreich als in Deutschland. Wer das aber in Rechnung stellte, wusste von Le Pens begrenzten Möglichkeiten.

»Man muss immer vorsichtig sein und darf nie den Umfragen glauben, aber die Annahme, dass Le Pen die Wahl gewinnen kann, ist unter den heutigen Umständen unbegründet«, sagte schon zu Jahresbeginn 2017 Jean-Michel Six, der eher liberal-konservative Chefökonom der amerikanischen Ratingagentur Standard & Poor's, beim traditionellen Neujahrsempfang seiner Agentur in Paris. Six war schon über 10 Jahre auf seinem Posten und unter seinesgleichen weltweit eine der angesehensten Stimmen, was Frankreich betraf. Sein Wort bestimmte, welche internationalen Gelder an die Seine fließen. Nun aber führte er viele Gründe an, warum Le Pen die Wahlen in Frankreich nicht gewinnen konnte: zum Beispiel die Einkommensentwicklung der armen Bevölkerungshälfte. Deren Anteil am Gesamteinkommen lag seit 20 Jahren in Frankreich stabil bei über 20 Prozent, während er in den USA stark rückläufig und zuletzt auf 10 Prozent gefallen war. Für Six war das ein Indikator, dass die französischen Unterschichten auch 2017 nicht mehr als üblich zu Extremen neigen würden. »Politisch wird dadurch das Risiko des Rückgriffs auf die Extreme gemildert«, sagte der Chefökonom und fügte für einen Vertreter seines Fachs durchaus überraschend hinzu: »Die hohen französischen Sozialausgaben sichern Frankreichs gesunde Demografie. Sie ist das große Plus Frankreichs gegenüber Deutschland und spricht ebenfalls für das Zukunftsvertrauen der Franzosen.«

Doch die deutschen Beobachter hörten Six' Worte nicht. Stattdessen wurde der Frankreich-Blues immer mächtiger. »Dann wählt auch noch Frankreich Marine Le Pen vom Front National zur Präsidentin«, mutmaßte der *Spiegel* schon im ersten Satz seiner Titelgeschichte zum Jahresauftakt 2017.

Inzwischen hat Macron die Wahlen gewonnen. Ganz Deutschland, bis auf die bekannten Ausnahmen am rechten Rand, war schon aufgrund der eigenen Ängste sehr erleichtert. Doch damit ist der deutsche Frankreich-Blues noch lange nicht besiegt.

Sich ihm hinzugeben ist eine alte deutsche Versuchung. Die Art, wie sich der deutsche Finanzminister Wolfgang Schäuble, eigentlich ein Frankreich-Liebhaber, heute gegen die Vorschläge des jungen Präsidenten Macron zur Vertiefung der europäischen Währungsunion sträubt, weckt bei genauer Betrachtung Erinnerungen an einen großen preußischen Vorgänger. Schon Friedrich der Große, auch ein Frankreich-Liebhaber, ließ Voltaire verhaften, weil er ihm nicht gehorchte. Nun gehorcht auch Macron Schäuble nicht. Und schon verkündet der Bundesfinanzminister im *Spiegel*-Interview zum Wahlsieg des Franzosen: »Es ist nicht meine Aufgabe, Großzügigkeit zu gewähren.« Als müsste auch er noch einmal Voltaire verhaften.

Dieses Buch plädiert nicht für unkritische Großzügigkeit gegenüber Frankreich, wohl aber für kritische Solidarität, Hochachtung und Respekt für das noch immer so fremde, aber auch immer noch so liebenswerte Nachbarland, wobei manche gegenseitige Überschwenglichkeit der Vergangenheit ruhig weichen kann, wenn sie durch bessere Kenntnis voneinander ersetzt wird.

In Wirklichkeit ist es Zeit für einen Neustart der deutsch-französischen Beziehungen. So verbraucht und nutzlos sie in den letzten Jahren erschienen, so gut stehen die Chancen, dass viele Franzosen und Deutsche heute erneut den Wert ihrer gemeinsamen Stärke schätzen. Für beide Seiten ist die Rechnung denkbar schlicht und einfach: Die Briten sind nach dem Brexit keine sicheren Partner mehr, die USA nach der Wahl Trumps ebenfalls nicht, bleibt im alten Westen nur noch der jeweilige Partner am Rhein als stärkster Verbündeter. Wann, wenn nicht jetzt, Frankreich wieder als wichtigsten Verbündeten ins Zentrum der deutschen Politik rücken? Dafür bedarf es nicht nur einer Kehrtwende der Kanzlerin oder ihres Nachfolgers. Vor allem müssen die Eliten der Berliner Republik die von ihnen heute manchmal allzu leicht begeisterten Franzosen wieder als ebenbürtige Partner in Europa erkennen. Sie müssen ihren Frankreich-Blues ablegen. Die Franzosen stehen uns nämlich – man wird es beim Lesen merken – um nichts nach.

2. KAPITEL

Ein bisschen mehr Pragmatismus, bitte!

Für einen neuen Anlauf in den deutsch-französischen Beziehungen

Jeder französische Zeitungskorrespondent wäre wohl gerne in jenem bayrischen Bierzelt gewesen, in dem die deutsche Bundeskanzlerin Angela Merkel nach dem G-7-Gipfel im Mai 2017 auf Sizilien ihre inzwischen berühmten Sätze zum gewachsenen deutschen Misstrauen gegenüber den USA sprach und hinzufügte: »Wir Europäer müssen unser Schicksal wirklich selbst in die Hand nehmen!« Doch die Kanzlerin hatte niemanden, und schon gar nicht die französische Presse, vorgewarnt, dass sie im bayrischen Trudering Wichtiges zu sagen hätte.

Was aber hätte ein französischer Korrespondent wohl in jenem Bierzelt empfunden? Hätte er vom Jubel der deutschen Bierzeltgäste berichtet, als Merkel versprach, den neuen französischen Präsidenten Emmanuel Macron zu unterstützen? Der *Bayerische Rundfunk* berichtete, dass der Applaus an keiner Stelle von Merkels Rede in Trudering so stark gewesen sei wie bei der Nennung von Macrons Namen. Hätte der französische Korrespondent also innerlich einen Freudensprung gemacht und die gute Nachricht nach Paris überbracht, dass die Deutschen wieder stärker denn je auf die Franzosen setzen?

Oder wäre er skeptisch geblieben? Hätte er Merkels Vorredner auf dieser Wahlkampfveranstaltung, den CSU-Vize-Generalsekretär Markus Blume zitiert, der – ebenfalls unter Applaus – dem Publikum zuwarf: »Sie sind die Anführerin des Westens«? Hätte er vielleicht von Merkels Alleingang gesprochen, die eine große außenpolitische Wende wieder einmal ohne französische Begleitung und auf exklusiv deutschem Wahlkampfterritorium kundgetan hatte? Wahrscheinlich hätte der französische Korrespondent keine Wahl gehabt. Denn Frankreich tickt immer noch pro-Merkel und prodeutsch.

In einer Umfrage im Auftrag der deutschen Botschaft in Paris gaben im Januar 2017 83 Prozent der befragten Franzosen an, allgemein ein »positives« Bild von Deutschland zu haben. Ein Wert, der sich innerhalb von vier Jahren um nur zwei Prozentpunkte verschlechtert hat. Lediglich im Bereich der absoluten Deutschland-Liebhaber ließ sich eine deutlichere Veränderung finden. So sprach 2013, im 50. Jubiläumsjahr des Élysée-Vertrages, jeder fünfte Franzose (21 Prozent) von einem »sehr guten« Bild vom Nachbarn jenseits des Rheins – Anfang 2017 war es nur noch jeder Achte (13 Prozent).

Seit Jahren ist die deutsche Bundeskanzlerin in der französischen Bevölkerung beliebt. Im krassen Gegensatz dazu stand stets der eigene Präsident François Hollande. Darin sind sich die Meinungsforscher in beiden Ländern einig. In einer groß angelegten Befragung aus Anlass des deutsch-französischen Journalistenpreises im Juni 2016 zeigten sich 61 Prozent der Franzosen »sehr zufrieden bzw. zufrieden« mit der Arbeit Merkels. Von Hollande behaupteten das gerade mal 38 Prozent der Deutschen.

Auch bei jungen Franzosen genießt Merkel hohes Ansehen. Daran hat für einige selbst die deutsche Flüchtlingspolitik, die vom Spätsommer 2015 an die deutsch-französische Beziehung stark ins Wanken gebracht hatte, nichts geändert. Im Gegenteil. »Ich glaube, die Kanzlerin hatte vollkommen Recht. Zudem ist sie damit ein Risiko für ihre Wiederwahl eingegangen«, sagte Raphaël Georgy, frischgebackener Absolvent einer Pariser Elitehochschule. »Deutschland hat sich zu seinen christlichen und sozialen Werten bekannt und diese in der Flüchtlingskrise in die Tat umgesetzt; auch auf die Gefahr hin, sich damit starker Kritik auszusetzen.« Doch nicht allein ihre Rolle in der Flüchtlingskrise, sondern auch das Verhalten nach den islamistischen Anschlägen in Frankreich 2015 habe sein Bild von Merkel nachhaltig zum Guten geprägt, sagte Georgy. »Ich bin überzeugt, dass sie nie eine Gelegenheit ausgelassen hat, Frankreich ihre Freundschaft und ihre Solidarität zu beweisen. Sei es nach *Charlie Hebdo*, als sie auf den Stufen des Élysée ihren Kopf an die Schulter von François Hollande gelehnt hat, oder bei der militärischen Unterstützung unserer Truppen im Kampf gegen den Islamischen Staat.«

Die beiden großen Pariser Tageszeitungen, sowohl die linksliberale *Le Monde* als auch der konservative *Figaro*, berichteten am Ende jedenfalls beide positiv über Merkels Auftritt in Trudering. Sie hatten zwar keinen Korrespondenten vor Ort, reagierten aber trotzdem sofort und voller Wohlwollen.

»Trotz der großen, lange anhaltenden Zögerlichkeit, was sein internationales Engagement betrifft, scheint Deutschland heute bereit, sich bei grundsätzlichen Fragen weiter zu bewegen«, kommentierte der *Figaro* und hatte eine »historische Gelegenheit« vor Augen. »Diesen erstaunlichen Moment müssen Franzosen und Deutsche beim Schopfe packen«, schrieb die Zeitung am 1. Juni 2017 auf ihrer Titelseite. »Im Herbst, nach den deutschen Wahlen, müssen sie sich in den Sattel schwingen. Der Brexit, der Aufstieg der Euroskeptiker und jetzt Trump haben die Stunde des Wiedererwachens eingeläutet. Wenn aber die Führer beider Länder sich erneut in den bürokratischen Mühlen und der Routine unnützer Gipfel verlieren, werden sie die Chance vertan haben, die ihnen die Geschichte bot.«

Zwar spielte der *Figaro* auf ungenutzte Zeiten im deutsch-französischen Verhältnis an, aber er ging doch klar von einer neuen deutschen Veränderungsbereitschaft aus. Wenn es dann doch nicht klappt und die historische Chance vertan wird, wären vor allem die Franzosen selbst schuld, suggerierte die Zeitung.

Ganz ähnlich sah es das ideologische Gegenblatt zum konservativen *Figaro*, die linksliberale *Le Monde* in ihrem Leitartikel vom 30. Mai 2017: »Die Deutschen wollen nicht die einzige kontinentale Macht sein: Wenn Angela Merkel von ›Wir Europäer‹ spricht, richtet sie in Wirklichkeit einen Appell an Frankreich.«

Natürlich wünschte sich die Zeitung, dass die Franzosen den angeblichen Appell Merkels nicht überhören: »Präsident Macron muss auf die neue deutsche Distanz zu den Angelsachsen und den deutschen Appell an Frankreich, dem ersten seit langer Zeit, antworten«, schrieb *Le Monde*. Auch hier schwang nur im Rückblick – »dem ersten seit langer Zeit« – etwas Kritik gegenüber Merkel mit. Stattdessen zweifelte die Zeitung am eigenen Präsidenten: »Der neue Staatschef muss aufpassen, keine Alleingänge zu machen, die an Hochmut und Gaullismus der Großväter erinnern, heute aber kontraproduktiv wären. Seine Antwort muss europäisch effektiv sein.« Dieser Tonfall ist durchaus nicht selbstverständlich. Fast demütig reagierten die sonst so stolzen Pariser Leitartikler auf die Truderinger Rede der deutschen Kanzlerin. Sie hielten sich mit Kritik zurück, hofften auf die neue gemeinsame Chance mit Deutschland und blendeten einen Teil der Wirklichkeit komplett aus.

Denn natürlich hätte auch eine skeptische Version der Truderinger Rede den französischen Zeitungen gutgetan. Trotz des einmütigen Applauses im Bierzelt auf CSU-Terrain – ein unumstößliches Bekenntnis zu Frankreich war Merkels Auftritt keinesfalls. Die Bundeskanzlerin sprach von »Freundschaft« mit den USA und mit Großbritannien, von »guter Nachbarschaft«, wo immer sie möglich ist – und erwähnte Russland. Wäre das nicht eigentlich der Moment gewesen, um den französischen

Partner etwas deutlicher zu preisen als die unsicheren Kantonisten, die sie aufzählte?

Stattdessen packte Merkel nach einem »aus voller Überzeugung« ausgesprochenen »alles Gute« für Emmanuel Macron ihren rhetorischen Wunschzettel an Frankreich aus. Arbeitsplätze und eine »Zukunft für die Menschen« standen ganz oben. Die jüngere Generation müsse wieder an Europa und die eigene Zukunft glauben. Den Subtext dazu kannte jeder: Frankreich hat bisher keine Wirtschaftsreformen eingeleitet. Frankreich hat zu hohe Staatsausgaben. Frankreich ist ein zu großzügiger Wohlfahrtsstaat. Ende des Subtextes. Merkel weiter: »Wo Deutschland helfen kann, wird Deutschland helfen, weil es Deutschland auf Dauer nur gutgeht, wenn es Europa gutgeht.« Immerhin suggerierte das nicht, dass Deutschland heute schon hilft.

Viele Anzeichen sprechen nämlich dafür, dass die tonangebenden Kreise in Berlin sich gar nicht so unwohl fühlen, sich als »einzige kontinentale Macht« in Europa zu gebärden. Dass Merkels Vorredner in Trudering mit seiner Anspielung auf die Bundeskanzlerin als »Anführerin des Westens« durchaus den mal mehr, mal weniger offenen Wunsch deutscher Hauptstadt-Strategen traf.

Diese Sorge geht heute um in Frankreich. Ein großer Teil der französischen Eliten hegt wieder den Verdacht, dass Deutschland in Europa dominieren will, was auch bei den Leitartiklern von *Figaro* und *Le Monde* durchscheint, die sich Merkels in Trudering annahmen. Warum sonst waren die deutsch-französischen Gipfel der Vergangenheit ohne Ergebnisse geblieben? Warum sonst hätte die Bundeskanzlerin nicht früher an Frankreich appelliert? Doch dieser Verdacht wird in Frankreich ganz selten offen ausgesprochen. Nur Rechts- und Linksextremisten tun das. Der Rest, ob konservativ oder liberal, hofft lieber auf das alte, gute, den Franzosen zugewandte Deutschland. Auf den unersetzlichen Verbündeten. Auf den politischen Lebenspartner. Denn noch immer bezeichnen die Franzosen das deutsch-französische Verhältnis als eine Paarbeziehung, als »couple«. Als gäbe es Liebe und nicht nur Interessen in der Politik.

Also war Hoffnung erlaubt. Also träumten viele Franzosen zu Beginn des Jahres 2017 von einem Neuanfang mit Deutschland im Herbst, nach den deutschen Wahlen, mit einem neuen Paar an der Spitze: Macron und Merkel – Spitzname Mercron. Oder Macron und Martin Schulz.

»Das Wichtigste für mich als Französin ist es, dass sich die Kanzlerin und Macron gut verstehen. Dann kann es Vertrauen und eine echte deutsch-französische Zusammenarbeit geben«, sagte mir Elisabeth Vignon, Vertreterin der Gewerkschaft für leitende Angestellte, CGC, im Sommer 2017. So einfach das klang, so ehrlich war es gemeint: »Das ist doch die entscheidende Frage, vor allem nach der Brexit-Katastrophe!«

Tatsächlich schien es auf der Hand zu liegen: Nach britischem Brexit-Referendum und US-amerikanischer Trump-Wahl, also den nationalen Rückzügen der großen angelsächsischen Demokratien, würden die alten europäischen Kernmächte Frankreich und Deutschland der Welt noch einmal zeigen, wo es langgeht: nämlich zu mehr Gemeinsamkeit über nationale Grenzen hinweg. Franzosen und Deutsche schienen zu wissen: Es gibt keinen Weg zurück aus der Globalisierung, nur einen Weg nach vorn, zu mehr Miteinander.

Doch man konnte die Lage auch ganz anders deuten. Denn bis zu dem Satz der Kanzlerin, dass »wir Europäer« nun wirklich an der Reihe seien, »unser Schicksal in die eigene Hand« zu nehmen, deutete vor allem aus deutscher Sicht sehr wenig auf eine runderneuerte Liebe zu Frankreich. Im Gegenteil: Deutschland hat den Frankreich-Blues. Schon seit Jahren. Nicht einmal der Wahlsieg Macrons schien daran etwas zu ändern.

Nur ein paar Dutzend Europa-Freunde feierten vor dem Berliner Kanzleramt, als Emmanuel Macron auf seiner ersten Auslandsreise nach Ernennung zum Präsidenten die deutsche Kanzlerin besuchte. Begeisterung herrschte nirgendwo. Schon Tage zuvor feierte kaum jemand in Deutschland den Wahlsieg Macrons. Dabei hatten auch die deutschen Kommentatoren im Falle seiner Niederlage schon den Untergang Europas vor Augen. Gerne malten sie vor den französischen Wahlen das Schreckgespenst einer Stichwahl zwischen der rechtsextremen Marine Le Pen und dem linksextremen Jean-Luc Mélenchon an die Wand. Als wenige Tage vor dem ersten Wahlgang der Präsidentschaftswahl die Abstände zwischen den vier aussichtsreichsten Kandidaten – Macron, Le Pen, Mélenchon und Fillon – geringer wurden, sah Henrik Müller auf *Spiegel Online* am 16. April 2017 die Zeit gekommen für einen denkwürdigen Vergleich: Frankreich vermittle den Eindruck eines »Drittweltland[s] in einer schweren Systemkrise«. Mehr noch, Europa könnte mit einer Stichwahl der Extremen »schon in einer Woche in eine existenzielle Krise« taumeln, schrieb Müller weiter in seiner Kolumne. Und *Die Welt* orakelte am Vorabend der Wahl den Abschied Frankreichs »als europäische Führungsmacht«, käme es denn zum entscheidenden Duell zwischen Le Pen und Mélenchon.

Sorge machte sich unter deutschen Kommentatoren bereits drei Tage vor der Wahl breit, als ein Polizist von einem Islamisten auf den Pariser Champs-Élysées getötet worden war. Das ohnehin schon geringe Vertrauen in die französischen Wähler schien nun gänzlich dahin. Mit einem Wahlsieg Le Pens wäre der »Antieuropäismus im Zentrum der Macht, im Herzen Europas angekommen«, befürchtete der Ressortleiter Außenpolitik der *Frankfurter Allgemeinen Zeitung* am 21. April 2017. Eine solche Vorstellung jage zwar »Frankreichs Partnern einen kalten Schauer den Rücken herunter« – aber sie blieb eine Illusion, der man sich in den Redaktionen der Republik ernsthaft hingab. Am gleichen Tag erklärte Lilith Volkert in der *Süddeutschen Zeitung* Marine Le Pen zur »zurzeit aussichtsreichste[n] Kandidatin«. Als Grund zog Volkert die Terroranschläge der vergangenen zwei Jahre mit mehr als 230 Toten heran. »Das macht vielen Angst. Und wer Angst hat, glaubt viel leichter falsche Versprechen.«

Doch die deutsche Presse begrüßte Macrons Sieg auch dann noch vorsichtig, als dieser viel höher als erwartet ausfiel. Tatsächlich sahen die meisten deutschen Beobachter in Macron eher einen Matteo Renzi, der nach zwei Jahren über ein Referendum stolpern würde, als einen Barack Obama, dessen Klarsichtigkeit auch nach zwei Amtszeiten die Deutschen noch beeindrucken könnte. Als »neuen Kennedy« hatte die angelsächsische Weltpresse Macron gefeiert. Deutschland winkte hier eher missmutig ab. »Europa ist erleichtert. Zu Recht. Es hätte schlimmer kommen können, das stimmt. Aber Erleichterung bedeutet noch lange nicht Zuversicht, dass sich etwas bessert«, kommentierte Christoph von Marschall im liberalen *Tagesspiegel* am 8. Mai 2017 die Wahl Macrons. Eine Matrix, deren sich die meisten deutschen Kommentatoren bedienten.

Immerhin, noch am Wahlabend bewertete der Außenpolitik-Chef der *Süddeutschen Zeitung*, Stefan Kornelius, den Sieg des französischen Newcomers als »feiernswertes Ereignis« und attestierte den knapp 35 Millionen Franzosen an den Urnen »geradezu hohe demokratische Reife« angesichts des »Problembündels«, das sie mit sich trügen. Das war aber auch schon das höchste Maß an Freude, das in der deutschen Presse aufkam. Lieber gab man dem Nachbarn wohlmeinenden Ratschlag mit auf den Weg. »Der Taktiker Macron darf sich nicht abkoppeln. Frankreich braucht einen Energieschub für die politische Mitte«, ergänzte Kornelius. Scheitere Macron mit seinen Reformvorhaben, könne »der französische Spuk jederzeit zurückkommen«, warnte auch der Pariser Wirtschaftskorrespondent der *Frankfurter Allgemeinen Zeitung*. In deutschen Regionalzeitungen ereiferten sich Journalisten: »Macron muss liefern«, schrieben die

Kieler Nachrichten. »Macron ist zum Erfolg verdammt«, warnte die *Frankfurter Rundschau.* Sonst nämlich würde Le Pen 2022 gewinnen. Die anbrechende Präsidentschaft sei eine »Gnadenfrist« für den Nachbarn.

Die *New York Times* wollte hier weiterhelfen: Macrons Wahlsieg erlaube, an eine Renaissance des deutsch-französischen Idealismus im Herzen von Europa zu glauben, frohlockte ihr alterfahrener Kolumnist Roger Cohen. Doch Cohen, der nicht weltfremde amerikanische Optimist, freute sich allein. In Wirklichkeit fanden sich im Sommer 2017, als dieses Buch in den Druck ging, wenig Anzeichen für jenen so weithin erhofften deutsch-französischen Neuaufbruch in Europa. Das lag am Frankreich-Blues auf beiden Seiten: am mangelnden Vertrauen der Franzosen in sich selbst und ihre Politik, aber auch am Misstrauen der Deutschen gegenüber Frankreich und dessen Politik. Als kämen aus Frankreich immer nur schlechte Nachrichten. Als hätte man den französischen Freunden – und diese sich selbst – wirklich zugetraut, statt Macron die ultranationalistische Marine Le Pen zur Präsidentin zu wählen. Schöne Freunde wären das gewesen! Man hätte mit ihnen nichts mehr zu tun haben wollen. Man hätte in guter deutscher Stube französischen Käse und Wein boykottiert.

Die deutsche Kanzlerin aber hätte schon zu diesem Zeitpunkt ganz anders reagieren können. Die Deutschen hätten den Wahlsieg des glühenden Pro-Europäers Macron wie einen eigenen Sieg feiern können. Der junge, frisch gewählte französische Präsident und die erfahrene, weltweit hoch angesehene deutsche Bundeskanzlerin hätten der Idee der europäischen Einigung anschließend neues Leben einhauchen können. Sie hätten Macrons Vorschlag eines »New Deal« für Europa mit neuen Ankündigungen Flügel verleihen können. Sie hätten gemeinsam alle europäischen Hauptstädte besuchen können. Vielleicht wäre dann ein Funke übergesprungen, der Funke einer erneuerten Freundschaft und gemeinsamen Wehrhaftigkeit von Franzosen und Deutschen angesichts von Brexit, Trump und neuem, überall grassierendem Nationalismus.

Mag sein, dass im Herbst 2017 genau das folgt. Wie zuvor in der Atom- und Flüchtlingspolitik könnte die Kanzlerin eine Wende in ihrer Frankreich-Politik vollziehen. Ich hoffe das. Und nicht einmal der pragmatische Londoner *Economist* schloss eine solche Wende völlig aus. Der Wahlsieg Macrons könnte ein Teil der Lösung sein, schrieb das britische Magazin am 11. Mai 2017 über die blockierten Gespräche innerhalb der Eurozone über eine Vertiefung der europäischen Währungsunion. Mit dem nüchternen Blick des Unbeteiligten erkannte der *Economist* in den Vorschlägen Macrons die Chance zum Weiterkommen. Der nämlich wollte Deutschland einerseits nicht für die vergangenen Schulden der Euroländer zur Kasse bitten, andererseits aber von Deutschland neue Verpflichtungen für auf mehr soziale Gerechtigkeit in Europa zielende Investitionen verlangen. Für die Briten ein zukunftstragender Kompromiss, dessen Notwendigkeit, so der *Economist*, inzwischen sogar Angela Merkel erkannt haben könnte. Ihre Truderinger Rede lasse sich nämlich auch als Einstimmung für die Deutschen auf große Zugeständnisse an Frankreich und Europa lesen.

Doch es kann auch schnell ganz anders kommen, und die Erkenntnis, im Angesicht von Trump zusammenstehen zu müssen, kann schnell wieder verblassen. Tatsächlich waren viele Franzosen nach der Wahl Macrons zu ihrem neuen Präsidenten vielleicht zum ersten Mal wirklich enttäuscht von der Kanzlerin. Von all ihren zahlreichen Präsidentschaftskandidaten hatten sie doch jenen gewählt, der im Gegensatz zu allen anderen sogar im Wahlkampf nur Gutes über Deutschland, die Deutschen und ihre Kanzlerin sagte. »Schlecht, sehr schlecht«, urteilte US-Präsident Donald Trump auf seiner Europareise im Mai 2017 über die deutsche Politik. »Gut, sehr gut«, schien dagegen Emmanuel Macron zu sagen – obwohl auch er einmal, wie Trump es ständig tat, die deutschen Handelsüberschüsse aufs Korn nahm. Allerdings war das bei ihm leicht zu überhören, denn er unterstützte Merkels Flüchtlingspolitik und pries die Kanzlerin dafür in höchsten Tönen. Er zog mit Europa-Fahnen in den Wahlkampf, nicht nur mit der Trikolore wie seine Konkurrenten. Er spielte im Wahlkampf mit voller Kraft den europäischen Verbündeten und bekam für sich und die europäische Sache eine Zwei-Drittel-Mehrheit.

Umso weniger konnten manche Franzosen verstehen, wie wenig spontanen Anklang Macron in Deutschland fand. »Warum seid ihr so hart zu ihm?«, fragte mich der renommierte Pariser Konzeptkünstler Olivier Bardin, nachdem er am Tag von Macrons erstem Besuch als Präsident bei der Kanzlerin den Bericht des Deutschland-Korrespondenten im ersten französischen Fernsehen *TF1* gesehen hatte. Der hatte sich für seinen Bericht vor blauem Berliner Himmel mit dem damals aktuellen *Spiegel* in der Hand filmen lassen: »Teurer Freund – Emmanuel Macron rettet Europa und Deutschland soll zahlen«, übersetzte das Fernsehen dem französischen Publikum. »Wir verlangen doch kein Geld von Deutschland«, wunderte sich der Künstler Bardin, der wie die meisten Franzosen kein Deutschland-Kenner ist und doch immer ein Auge auf das deutsch-französische Verhältnis wirft. Denn es ist ihm wichtig. So wie ihm im Alltag sein gutes Verhältnis zu seiner Frau und seinem vierjährigen Sohn wichtig sei, so sei ihm in der Politik das gute Verhältnis seiner Regierung zu Deutschland wichtig, erklärte Bardin. Nun aber hatte mein guter Freund in zwei Wahlgängen Macron gewählt und geglaubt, damit etwas für Europa und die guten Beziehungen zu Deutschland getan zu haben. Stattdessen bekam er zu hören, sein Land und sein neuer Präsident wollten nur mehr Geld von Deutschland. Wie ihm ging es vielen Franzosen. Sie verstanden die deutsche Reaktion nicht und sahen darin kein Signal für einen neuen gemeinsamen Aufbruch.

Ähnliche Botschaften verbreiten deutsche Politiker und Kommentatoren bereits seit Jahren über Frankreich: Kommt endlich in die Socken! Baut eure Schulden ab! Streicht die 35-Stunden-Woche! Verzichtet auf liebgewonnene Gewohnheiten, spart euch den Wein am Mittagstisch und arbeitet wie andere auch! Dann werden sich eure leeren Staatskassen wieder füllen. Dann können wir auch wieder mit euch zusammenarbeiten. Das meiste davon scheint dabei eher als verstecktes Selbstlob für deutsche Ohren bestimmt zu sein, denn wenig davon kommt beim breiten Publikum in Frankreich an. Was auch den scheinbaren Widerspruch erklärt, dass deutsche Politiker kritisch über Frankreich reden, das Image Deutschlands in Frankreich aber dennoch bisher kaum leidet.

Schon länger hat sich im politischen Alltag der Berliner Republik eine neue Sprachregelung gegenüber Frankreich durchgesetzt: Paris befinde sich nicht mehr »auf Augenhöhe« mit Berlin, ist in den politischen Kreisen der Hauptstadt zu hören. Es ist die Umkehrung einer alten These des deutschen Historikers Heinrich August Winkler, der einmal behauptete, es sei von größter Bedeutung für Europa, dass sich Deutschland und Frankreich auf Augenhöhe begegneten. Doch davon ist nun keine Rede mehr. »Frankreich, neben Deutschland die stärkste Macht der EU, ist arg von Problemen gebeutelt, wirtschaftliche Schwäche, Streik, Terror. Das stolze Land schafft es derzeit nicht, auf Augenhöhe mit Deutschland Kraftzentrum Europas zu sein«, beobachtete Dirk Kurbjuweit in einem *Spiegel*-Essay im Frühjahr 2016. Er drückte da noch vorsichtig aus, was seither die Spatzen von den Dächern pfeifen.

Vorbei die Zeiten eines gleichberechtigten Paares! Was bilden sich die Franzosen ein, über Griechenland mitreden zu wollen, wenn sie nicht einmal selbst die Kriterien des europäischen Stabilitätspaktes einhalten? Was kann Deutschland noch von ihnen lernen, wenn nicht einmal Fukushima sie bewegt, ihre veralteten Atomkraftwerke runterzufahren? So einig, wie sich linke und rechte Franzosen bis heute im Respekt vor Deutschland unter der Kanzlerschaft Merkels sind, so herablassend beurteilten linke und rechte Deutsche gleichermaßen das Frankreich der Präsidenten Nicolas Sarkozy und François Hollande. Nicht viel Gutes hörte man in deutschen Intellektuellenkreisen in diesen Jahren über Frankreich. Deutsche Politiker reisten nur noch selten außerhalb der Pflicht nach Paris. Der ehemalige deutsche Außenminister Joschka Fischer war einer der wenigen, der aus der Reihe fiel, immer wieder in Paris das Gespräch mit Freunden suchte und nie aufhörte, Frankreichs unveränderte Führungsrolle in Europa zu betonen. Doch gerade seine Generation, die deutschen 68er, die doch in Frankreich einst Freiheit und Lebenskunst entdeckt hatten, schien im Alter den Nachbarn den Rücken zu kehren.

In Wirklichkeit bedarf es einer neuen, alltäglicheren, um nicht zu sagen: pragmatischeren Liebe zu Frankreich. Einer Beziehung, die ohne große historische Vorbilder wie Jean-Paul Sartre oder Simone de Beauvoir auskommt.

Oh, was habe ich die beiden verehrt, als ich in den achtziger Jahren des letzten Jahrhunderts erst als Sühnezeichen-Freiwilliger und später als *taz*-Korrespondent in Paris lebte. Sartre hatte noch in den siebziger Jahren die Tageszeitung *Libération* in Paris mitbegründet. Sie war viele Jahre das große Vorbild der *taz*. De Beauvoir starb, als ich gerade bei der *tageszeitung* angeheuert hatte. Ich nahm an ihrem Begräbnis teil und sprach mit ihren feministischen Freundinnen, die auf dem kleinen Sofa des winzigen *taz*-Büros in Tränen ausbrachen – und ich sprach mit der feministischen Theoretikerin Luce Irigaray, die de Beauvoir kritisierte. Dabei war eines klar: Frankreich hatte den modernen Feminismus erfunden, vorgelebt und auch schon selbst wieder hinterfragt. Was ich als junger Journalist, der von der Geschichte des Feminismus keine Ahnung hatte, aus dem Umfeld de Beauvoirs an die *taz* berichtete, wurde von den von der 68er-Revolte geprägten Feministinnen der Berliner *taz*-Redaktion mit unglaublicher Hingabe und Dankbarkeit aufgenommen und abgedruckt. Das entsprach dem Zeitgeist. Frankreich machte vor, die Deutschen machten es nach. Als sich damals der französische Präsident François Mitterrand und der deutsche Bundeskanzler Helmut Kohl im September 1984 über den Gräbern von Verdun die Hände reichten, war man selbst als linksalternativ angehauchter junger Deutscher, dessen Bild von Kohl durch zahlreiche Karikaturen geprägt war, stolz auf den Kanzler. Denn er, der konservative CDU-Vorsitzende, hatte das Vertrauen des Linkssozialisten Mitterrand gewonnen. Das rechnete man ihm hoch an.

Heute ist es umgekehrt. Französische Präsidenten können an der Seite Merkels glänzen. Die Kanzlerin ist in Frankreich längst angesehen genug, um das Bild des eigenen Präsidenten aufwerten zu können. Mit einer gleichberechtigten Beziehung hat freilich weder die jüngere Vergangenheit noch die Gegenwart viel zu tun.

Dabei bietet sich ein gleichberechtigtes Miteinander durchaus an. Niemand zweifelt an der wirtschaftlichen Überlegenheit Deutschlands gegenüber Frankreich. Niemand zweifelt an der militärischen Überlegenheit der Atommacht Frankreich gegenüber Deutschland. Gesellschaftlich ist dagegen vieles vergleichbar. Deutsche beneiden Franzosen um ihre gute Kinderversorgung. Franzosen beneiden Deutsche um ihren besseren Sprachunterricht an den Schulen. Franzosen fahren heute genauso gern auf einen Städtetrip nach Berlin wie die Deutschen nach Paris. Jeder kennt Vor- und Nachteile der jeweils anderen Bäckereien. Jeder weiß, dass die politischen Vertreter der anderen Seite Fehler machen, aber im Prinzip vertrauenswürdig sind. Also: Man respektiert sich am Rhein!

Nur die Politik müsste noch entdecken, dass Gleichberechtigung tatsächlich funktioniert. Das ist sie nicht gewohnt, stattdessen herrscht das ewige Machtspiel, immer noch, auch zwischen Paris und Berlin. Es war gerade in den letzten Jahren beschämend – für beide Seiten.

3. KAPITEL

Wenn die rettende Gewohnheit fehlt

Die Kanzlerin langweilt sich im Élysée-Palast

Darf man sich als Gast im Élysée-Palast langweilen? Darf man dort so tun, als hätte man stets etwas Wichtigeres zu tun? Wenn die Antwort Nein lautet, hat sich die deutsche Bundeskanzlerin in den letzten Jahren auf Besuch in Paris alles andere als passend verhalten.

In den Mitterrand-Jahren galt es für deutsche Politiker und Journalisten als Ehre, in den Élysée-Palast eingeladen zu werden. Auch als Journalist zog man sich anständig an, nahm überpünktlich die Metro und reihte sich brav in die Besucherschlange vor dem höchsten Amt der französischen Republik ein. Mit einem Glas Champagner in der Hand erlebte ich 1988 im Élysée-Palast die Feierlichkeiten zum 25. Jahrestag des deutsch-französischen Freundschaftsvertrages, den Charles de Gaulle und Konrad Adenauer dort im Januar 1963 gemeinsam unterzeichnet hatten. Es schien damals immer noch keine Selbstverständlichkeit, als Deutscher so formvollendet im Zentrum der französischen Politik empfangen zu werden.

Nach 24 Jahren als Auslandskorrespondent in Japan, China und Indien kam ich 2013 zurück an meinen alten Wirkungsort Paris. Und wie erstaunt war ich, als ich erneut den Pressedienst im Élysée-Palast kontaktierte. Fast schon freundschaftlich, in der Tat: auf Augenhöhe verlief der Empfang. Ich trank mit der Dame, die jahrelang François Hollandes internationale Pressearbeit leitete, viele Tassen Kaffee. Wir sprachen über unsere Kinder und Kindergärten, über die Vereinbarkeit von Familie und Beruf und hätten dabei fast vergessen, auch noch ein paar aktuelle politische Themen zu erörtern. Das war sehr angenehm, aber konnte auch den eigenen kritischen Blick vernebeln. Meine Präsenz im Élysée-Palast schien erwünscht und selbstverständlich zu sein. So blieb es auch in den darauffolgenden Jahren. Immer wieder, meist beim Warten auf eine verspätete Pressekonferenz, hatte ich Gelegenheit, mein Familiengespräch mit der netten Pressedame des Präsidenten fortzuführen. Das wäre unter Mitterrand in den achtziger Jahren noch unvorstellbar gewesen. Zwischen dem Pressestab des Präsidenten und den deutschen Auslandskorrespondenten herrschte damals eine viel größere Distanz. Es war eine seltene Ehre, wenn der außenpolitische Sprecher Mitterrands, damals Hubert Védrine, der später lange Jahre als Außenminister diente, für den deutschen Korrespondenten den Telefonhörer im Élysée-Palast abnahm. 30 Jahre später, bei Hollande, war der Kontakt viel leichter, was ihm später auch vorgeworfen wurde: Er hätte zu viel mit Journalisten geredet. Er hätte sogar Staatsgeheimnisse ausgeplaudert, wie ihm die beiden Investigativ-Reporter

Gérard Davet und Fabrice Lhomme von der Tageszeitung *Le Monde* in ihrem Buch *Un président ne devrait pas dire ça* (Ein Präsident sollte das nicht sagen) vorwarfen. Das sah ich als Journalist natürlich anders. Wohl aber spürte ich eine gewisse Routine, wenn nicht gar Langeweile, auf dem Weg ins Allerheiligste der französischen Politik aufkommen. Ich wehrte mich dagegen, indem ich im Palast meine eigenen Gewohnheiten pflegte: Vor den Begegnungen zwischen Präsident und Kanzlerin besuchte ich die Agenturjournalisten des Palastes, die immer dort arbeiten. Sie haben im Palast ihren eigenen, in den alten Gemäuern sehr beengten Arbeitsplatz – für deutsche Hauptstadtjournalisten kaum vorstellbare Arbeitsbedingungen. Ich trank dann mit den französischen Kollegen einen Kaffee aus dem Automaten. Das war stets ebenso nett wie informativ. Ich stellte mir vor, dass sie alles über das Palastleben wissen müssten (was nicht stimmte) und darüber wunderbare Hof-Geschichten schreiben könnten, die ich mir noch abends beim Einschlafen wie in alten Büchern ausmalte.

So eine rettende Gewohnheit muss der Bundeskanzlerin über die Jahre bei ihren vielen Besuchen im Élysée-Palast gefehlt haben. Jeder sensible Beobachter der europäischen Szene, der ihre Auftritte hier beobachtete, litt mit ihr. Sie litt spürbar. Sie lachte nie. Sie quälte sich ein »François« über die Lippen. Sie wirkte immer so wie im Januar 2017, als sie in München mit einem unwirschen Horst Seehofer an ihrer Seite ihre erneute Kanzlerkandidatur verkündete. Merkel-Kenner mochten einwenden, das sei ihr Naturell: So ist sie eben. Doch protestantisch verklemmter ging es aus französischer Sicht nicht mehr.

Das Publikum war enttäuscht. Meine französischen Kollegen auf den vielen gemeinsamen Pressekonferenzen ihres Präsidenten mit der deutschen Kanzlerin erwarteten die berühmte Angela Merkel, die Weltpolitikerin, die vielleicht wichtigste Stimme Europas. Was sie bekamen, war Bürokratendeutsch, bewusstes Understatement und den Verweis auf den nächsten, viel wichtiger erscheinenden Termin. Ganz gleich, ob es sich um ein Treffen europäischer Ressortminister, den nächsten EU-Gipfel der Staats- und Regierungschefs oder eine Vier-Augen-Unterredung mit den diplomatischen Sorgenkindern der Welt handelte.

Das nämlich war besonders auffallend. Wann immer die Bundeskanzlerin in den letzten Jahren im Élysée-Palast war, hatte sie gleichzeitig immer etwas Wichtigeres zu tun. Zum Beispiel mit Putin, Erdoğan oder Seehofer reden. Das war schon daran abzulesen, dass auch die deutschen Kollegen nur sehr selten über den Inhalt der deutsch-französischen Gespräche mit Hollande berichteten. In den französischen Medien aber war die Reaktion noch extremer: Merkels Besuche im Élysée-Palast blieben über die Jahre fast durchweg ohne öffentliches Echo in Frankreich. Merkels schlechte Laune war keine Nachricht. Zumal Hollande neben ihr keine bessere Figur machte.

Dabei sagte die Kanzlerin auch viele wichtige, richtige Dinge in Paris. Nur die Wirkung ihrer Worte schien ihr gleichgültig. »Wir brauchen ein Mehr an Europa, ein

Europa, das funktioniert, das sich gegenseitig hilft«, erklärte sie nach einem Arbeitstreffen mit Hollande im Élysée-Palast vor dessen erster Teilnahme an einem EU-Gipfel am 27. Juni 2012. Man hätte sie beim Wort nehmen sollen. Denn nur zwei Tage später ließ sie den neu gewählten französischen Präsidenten in jeder Hinsicht auflaufen. Hollande zeigte freilich gute Miene und antwortete am nächsten Morgen auf die Frage eines Journalisten zu seiner Begegnung mit Merkel: »Meine persönliche Meinung ist: Man kann nicht rufen: ›Ich habe gewonnen, oder ich habe verloren.‹ Vielmehr stand Europa auf dem Spiel, und Europa hat gewonnen. Die Eurozone wurde gestärkt, und das war das einzige Ziel.« Frankreich und Deutschland hätten auch in der Nacht noch an einem Strang gezogen, befand Hollande.

Die Franzosen hatten Hollande 2012 mit einem linken Parteiprogramm in den Élysée-Palast geschickt. Dieser hatte seinen Wählern versprochen, den europäischen Stabilitäts- und Wachstumspakt neu zu verhandeln. Das aber machte die Kanzlerin nicht mit. Und Hollande knickte ein.

Sein damals wichtigster politischer Berater im Élysée-Palast, Aquilino Morelle, der schon Redenschreiber des sozialistischen Premierministers Lionel Jospin gewesen war, hat – nach seinem Bruch mit Hollande im April 2014 – im Januar 2017 ein Buch veröffentlicht, in dem er sehr kritisch über diese erste Phase der Amtszeit Hollandes berichtet. »Er [Hollande] wollte nicht der Führer des neuen Europa werden. Schon auf dem Europäischen Gipfel am 29. Juni 2012 hat er alle Hoffnung auf Veränderung begraben, indem er sich der Sparpolitik ergab und ohne ernsthafte Neuverhandlungen den europäischen Stabilitäts- und Wachstumspakt akzeptierte, den Merkel durchgesetzt und Sarkozy unterschrieben hatte. Diese erste Selbstaufgabe zog alle anderen nach sich«, konstatiert Morelle.

Merkels Durchsetzungsvermögen gegenüber dem neuen sozialistischen Präsidenten Frankreichs wurde damals in Deutschland vielerorts kritiklos gutgeheißen. Hollande galt für die meisten deutschen Kommentatoren als Traditionslinker, der in der Wirklichkeit noch nicht angekommen war. Also haut den Sozialisten! In der *Welt* konnte man am 30. Juli 2012 lesen: »Hollande kommt aus einer anderen Welt. Auf der Eliteschule ENA hat er gelernt, an den Staat zu glauben und an die Weisheit seiner Mandarine.« Dass Hollande, bevor er in den Élysée-Palast einzog, zwar knapp elf Jahre lang Chef der Sozialistischen Partei, aber »weder Minister noch Dirigent der Wirtschaft« gewesen war, habe ihm das »Rendezvous mit der Realität erspart«. Wenige Wochen später, vor einem Besuch Hollandes in Berlin aus Anlass neuer Verhandlungen mit Griechenland, kommentierte dieselbe Zeitung:»Der Franzose will Merkel überzeugen, weiter zu zahlen, weil er meint, alles andere mache sich für einen neu gewählten sozialistischen Präsidenten nicht gut.«

Nur wenige in Deutschland gewahrten dabei den Schaden, den die französische Demokratie und Europa mit Hollandes frühem Glaubwürdigkeitsverlust nach seiner Wahl nahmen. Natürlich hatte der ihn zuallererst selbst zu verantworten. Doch musste die deutsche Seite dazu beitragen? Wenige konnten sich vorstellen, wie nur einige Jahre später Frankreichs Demokratie in Gefahr geriet. So weit, dass die ganze europäische Idee gefährdet zu sein schien.

Aus heutiger Sicht aber wirkt Merkels Vorgehen wie ein politischer Kardinalfehler. Jeder Europäer weiß, dass die französischen Präsidentschaftswahlen eine der wichtigsten demokratischen Grundübungen für den ganzen Kontinent darstellen. Jeder, der Frankreich ein bisschen kennt, weiß, wie sehr sich die Franzosen mit dem Ergebnis dieser Wahlen über alle politischen Grenzen hinweg identifizieren. Sie komme noch immer einer Art Königswahl gleich, sagte ein gewisser Emmanuel Macron, als er im Sommer 2014 gerade seinen Beraterposten an der Seite Hollandes im Élysée-Palast aufgegeben hatte, an einen neuen Job als Professor dachte und noch nicht wusste, dass ihn sein Präsident bald zum Wirtschaftsminister bestellen würde.

Genau diese Königswahl aber hatte Merkel auf dem EU-Gipfel im Juni 2012 ignoriert. Keine Neuverhandlung des Stabilitäts- und Wachstumspaktes! Damit setzte sie sich mit dem konservativen EU-Kommissionspräsidenten José Manuel Barroso an ihrer Seite durch. Damit wurde Hollande für machtlos erklärt und Merkel die unangefochten mächtigste Person Europas. Solange auf französischer Seite noch Hollande-Vorgänger Nicolas Sarkozy regierte, war das nicht ganz so eindeutig. Sarkozy stammt wie Merkel aus einer konservativen Partei, ihre europäischen Forderungen glichen sich. Dadurch ließ sich weniger deutlich unterscheiden, wer von beiden wen dominierte. Zumal Sarkozy durch seinen lauten Politikstil der leiser auftretenden Merkel gerne die Show stahl. Im Fall Hollande aber war das nun ausgeschlossen. Der Kanzlerin gelang es, ihn von Beginn seiner Präsidentschaft an als nicht ebenbürtig erscheinen zu lassen.

Bald nahmen auch die Franzosen ihren Präsidenten nicht mehr ernst. Die rechtsextreme Marine Le Pen begann ihren Aufstieg in den Umfragen. Wieder waren es vor allem die innenpolitischen und persönlichen Fehltritte Hollandes, die ihn sein Ansehen kosteten. Seine unvergessene Motorrollerfahrt zur Freundin durch Paris schadete ihm mehr als alles andere. Dennoch blieb seine schwache Figur gegenüber Merkel ein Dauerthema in der französischen Öffentlichkeit. Und die Kanzlerin tat nichts, dass sich daran etwas änderte.

Für die französischen Beamten, die mit Hollande täglich arbeiteten, bleibt ihr Auftritt im Élysée-Palast im Mai 2013 als größtmögliche Demütigung in Erinnerung: »Vor zehn Jahren war Deutschland der kranke Mann Europas«, sagte sie dort – und jeder französische Zuhörer verstand sofort, dass nun aus Sicht der Deutschen Frankreich der kranke Mann Europas sei. Merkel verwies dann auf die verbesserte Lage in Deutschland, die »nicht vom Himmel gefallen sei, sondern auch mit Arbeitsmarktreformen zu tun habe«, und setzte gönnerhaft hinzu: »Frankreich ist jetzt ja auch auf diesem Wege.«

So von oben herab hatte bis dahin noch kein deutscher Bundeskanzler gewagt, im Palast des französischen Präsidenten über Frankreich zu sprechen. Ihr Bild vom »kranken Mann Europas« war einem mehr als zehn Jahre alten Titelblatt des britischen *Economist* geschuldet, einer Zeitschrift mit wirtschaftsliberaler Grundhaltung; dieses Bild hielt sie nun ausgerechnet dem sozialistischen Präsidenten vor. So war es auch eine ideologische Demütigung.

Vor allem aber bediente sich die Kanzlerin des Stammtischtons Brüsseler Bürokraten: Deutschland hat seine Hausaufgaben, sprich Reformen, gemacht. Frankreich muss nun folgen. Niemand wird leugnen, dass darin bis heute ein Kern Wahrheit steckt. Aber wenn eine deutsche Kanzlerin Reformen in Frankreich nach deutschem Vorbild empfiehlt, verwundert es keinen, wenn die Franzosen weghören. Zumal wenn sie in einem Atemzug »die Pflicht aller« betont, den Defizitzielen des Stabilitäts- und Wachstumspaktes zu folgen.

Nicht nur Merkel verhielt sich in Paris so. Als Joachim Gauck als erster deutscher Bundespräsident seit 17 Jahren Frankreich im September 2013 besuchte, war vom »leuchtenden Beispiel der nordeuropäischen Reformpolitik« die Rede, Deutschland natürlich inklusive. Gute, engagierte deutsche Frankreich-Politik sieht anders aus. Selbst wenn Berlin den Wachstums- und Stabilitätspakt für unantastbar hielt, hätte es Paris nach der Wahl Hollandes zunächst sein Bemühen um Neuverhandlungen des Paktes zusichern müssen. Andere hätten dann später für Kompromisse oder sogar das Scheitern der Verhandlungen zuständig sein können. Aber man hätte damit die französische Präsidentschaftswahl von

2012 nicht folgenlos an sich vorbeigehen lassen. Auch Reformlektionen hätten Kanzlerin und Bundespräsident in Paris nie öffentlich aussprechen dürfen. Das verbietet nicht nur die Etikette, sondern das Gebot der gleichberechtigten Partnerschaft zweier Nationen.

Diese Versäumnisse hatten einen offensichtlichen Grund: Frankreich-Politik hatte schlicht keine Priorität in Berlin. Wichtiger für Deutschland, so empfand man es in Paris, war die Stützung des Euros. Wichtiger war die ökonomische Krisenaktualität in der Europäischen Union. Wie sehr die deutsch-französischen Beziehungen dabei zum Nebenschauplatz wurden, schien aus französischer Sicht in Berlin keine Rolle zu spielen. Das hätte gründlich schiefgehen und zu einem Bruch im Verhältnis beider Seiten führen können.

Dies deutete sich bereits während der Griechenland-Verhandlungen im Sommer 2015 an. Im Endstadium der Verhandlungen, am 11. Juli 2015, hatte der deutsche Finanzminister Wolfgang Schäuble ein Papier vorgelegt – eine DIN-A4-Seite mit der lapidaren Überschrift »Kommentar zu den jüngsten griechischen Vorschlägen« –, das Griechenlands Ausstieg aus der Eurozone erwog. Jetzt läuteten beim französischen Präsidenten Hollande die Alarmglocken. Denn auf französischer Seite dachten alle Beteiligten das Gleiche: Wenn Deutschland, letztlich zum Schutz seiner Steuerzahler, bereit sein würde, Griechenland wegen nicht bezahlter Schulden über die Klinge springen zu lassen, dann würde irgendwann anderen Ländern Südeuropas, wenn nicht gar eines Tages Frankreich selbst, das gleiche Schicksal drohen.

Also ging der andernfalls oft so zögerlich agierende Hollande dieses Mal aufs Ganze und rettete in einer langen Nacht in Brüssel die Euromitgliedschaft Griechenlands. Wie genau ihm das gelang, wissen nur die, die dabei waren. Jedenfalls ging es Hollande am Ende nicht mehr ums Geld und die Schulden Griechenlands, sondern ums Ganze, die Einheit und das Bestehen der Europäischen Union. Bis heute ist nicht ganz klar, ob die Kanzlerin im Grunde mit Hollande übereinstimmte, weil auch ihr die Vorschläge ihres Finanzministers zu weit gingen. So jedenfalls berichteten es französische Zeitungen, die der Kanzlerin einfach nichts Böses unterstellen wollten. Denkbar bleibt jedoch, dass auch sie die langen Verhandlungen des Europäischen Rates über Griechenlands Zukunft in der Nacht des 12. Juli 2015 als eine deutsche Niederlage empfand. In Erinnerung bleibt jedenfalls nicht nur das für viele Griechen letztlich positive Ergebnis. In Erinnerung bleibt auch, dass es hier erstmals bei einer großen europäischen Entscheidung fast zu einem ernsthaften Zusammenstoß zwischen Frankreich und Deutschland gekommen wäre.

Nicht umsonst gab einer der angesehensten Intellektuellen Deutschlands, der Philosoph Jürgen Habermas, anschließend nur dem englischen *Guardian* und dem französischen *Nouvel Observateur* Interviews. »Ich befürchte, dass die deutsche Regierung, einschließlich ihres sozialdemokratischen Teiles, in einer Nacht all das politische Vertrauen verspielt hat, dass ein besseres Deutschland in einem halben Jahrhundert angesammelt hatte«, sagte Habermas fast gleichlautend in beiden Interviews. Für den deutschen Philosophen war klar, dass die deutsche Regierung in eine Falle getappt war. Und zwar in die »historische Falle einer Halb-Hegemoniestellung, vor der die Europäische Union uns [die Deutschen] bislang immer bewahrt hatte«. Anders formuliert hätte er auch sagen können, dass Frankreich mit dem Einsatz Hollandes Deutschland vor dem Schlimmsten bewahrt hatte: nämlich vor der Aufkündigung europäischer Solidarität aus Kostengründen.

Habermas aber hatte eine Formel für das gefunden, was auch viele französische Intellektuelle im Moment der Griechenland-Krise im Stillen empfanden, ohne es als Kritik an Deutschland öffentlich äußern zu wollen. Niemand unter den machtbewussten Pariser Vordenkern wollte es sich mit den angesehenen Deutschen verscherzen, nur um für die schwachen Griechen Position zu beziehen. Nein, Griechenland bot für Paris keine gute Gelegenheit zum Streit mit Berlin.

Nur einer scherte aus dem stillen Konsens aus und nahm die Griechenland-Krise zum Anlass, von der deutschen Kanzlerin eine grundsätzliche Kursänderung zu fordern. Ein damals in Deutschland noch fast Unbekannter. Ein 37-jähriger Elitebürokrat, der sein erstes politisches Amt ausfüllte. Ein ehemaliger Angestellter der vornehmen Pariser Rothschild-Bank. Einer dieser französischen Vorzeige-Intellektuellen. Sein Name: Emmanuel Macron.

Macron, seit einem Jahr Wirtschaftsminister in Paris, gab damals der *Süddeutschen Zeitung* ein Interview, in dem er bereits all das forderte, was er sich auch heute noch als Präsident von Deutschland erhofft. Nämlich eine Wirtschaftsregierung der Eurozone, geführt von einem europäischen Finanzminister, der »auch Investitionsmittel vergibt und in der Arbeitsmarktpolitik mitredet«. »Je höher sein Budget, desto glaubwürdiger wäre Europa«, sagte Macron der *Süddeutschen*. Und wusste auch gleich, wie der neue Euro-Minister demokratisch zu kontrollieren sei: »Das würde ein Euro-Parlament leisten – eine neue Kammer, die aus den Abgeordneten des Europäischen Parlaments besteht, deren Länder der Eurozone angehören.«

Fast wortgleich stand es eineinhalb Jahre später im Wahlprogramm von *En Marche,* der neuen politischen Bewegung, die Macron für seinen Präsidentschaftswahlkampf gegründet hatte. Dort verlangte er genau wie im August 2015 einen »New Deal« für Europa. Der Begriff war der Politik des großen US-amerikanischen Weltkriegspräsidenten Theodor Roosevelt entlehnt. Roosevelts letztlich kriegsentscheidende Wirtschafts- und Sozialpolitik der dreißiger Jahre half den Vereinigten Staaten, die große Depression von 1929 zu überwinden, um schließlich als vereinte Nation, die ihre sozialen Gräben wieder geschlossen hatte, Anfang der vierziger Jahre in den Zweiten Weltkrieg einzutreten.

Auf die neuen sozialen Gräben in Europa nach der internationalen Finanz- und Wirtschaftskrise von 2008 spielte nun der »New Deal« Macrons an. Und er brachte seine Idee nicht umsonst in einer deutschen Zeitung unter. »Die Starken müssen helfen«, forderte er. Natürlich war das an die Deutschen und ihre Kanzlerin gerichtet.

»Wollen wir die Neugründer Europas sein – oder seine Totengräber?«, fragte der politische Novize keck. Macrons Interview in der *Süddeutschen* erschien am 31. August 2015, just an dem Tag, als die Kanzlerin auf ihrer Sommerpressekonferenz in Berlin ihr berühmtes »Wir schaffen das!« sprach und ganz Deutschland nur noch über Flüchtlinge diskutierte. Und doch währte die Pressekonferenz der Kanzlerin lange genug, dass auch eine Frage nach den Vorschlägen des französischen Wirtschaftsministers gestellt wurde.

Die Antwort Merkels lässt sich heute noch auf der Website des Bundeskanzleramts nachlesen: »Wir sollten in der Tat fragen – und da hat Herr Macron durchaus Recht: Was brauchen wir? Da wird es sicherlich noch mehr Vorstellungen geben als die, die er heute geäußert hat«, sagte die Kanzlerin. Hier zeigte sich von Neuem, wie Merkel die französische Frage jahrelang immer wieder behandelt hat: nämlich im Vorbeigehen. Macron mag ja gut reden – aber: Es gibt sicherlich noch andere Vorstellungen.

Merkel erreichte mit ihrer Antwort das Übliche: Keiner hörte hin, weder in Deutschland noch in Frankreich, und Macron hätte sein Interview als Flop betrachten können. Einer aber hatte seine Vorschläge ganz genau studiert: Jürgen Habermas.

Ich hatte den Starnberger Demokratielehrer vor vielen Jahren kennengelernt, als er in China Vorträge über die Geschichte des Republikanismus hielt, nicht zuletzt des französischen. Seither standen wir in Kontakt. Ich berichtete ihm in Kenntnis seiner zahlreichen Europa-

Essays von meinen Eindrücken in Frankreich und warf die Frage auf: Wer könnten heute die französischen Verbündeten für die Habermas'sche Idee von einem stärker integrierten, demokratischeren Europa sein? Bald schon fiel der Name Macron. Habermas sagte dazu nichts. Doch noch am 31. August 2015 erhielt ich eine Mail aus Starnberg: Darin lobte Habermas Macron. Ausgerechnet er hatte an dessen Interview in der *Süddeutschen* nichts auszusetzen.

Für mich war das damals ein Ansporn, Macron ernst zu nehmen. Ich recherchierte, wie genau er und Präsident Hollande sich die Wirtschaftsregierung für die Eurozone vorstellten. Zur gleichen Zeit waren die französischen Medien voller Gerüchte, dass der Präsident nach dem Griechenland-Debakel eine große französische Europa-Initiative starten wolle. Als dann freilich mein Artikel mit Informationen von Mitarbeitern des Élysée-Palastes in der *Zeit* erschien, folgte nur eine Woche später ein Artikel meines Redaktionskollegen Mark Schieritz aus Berlin, der all die französischen Planspiele aus deutscher Sicht für nichtig erklärte – dieses Mal mit Informationen aus Kanzleramt und Finanzministerium in Berlin. War die von meinen Kollegen dokumentierte Haltung der Bundesregierung also der Grund, warum aus der Europa-Initiative Hollandes nie etwas wurde?

Ich war ehrlich erstaunt. Mein Kollege und ich hatten beide sorgfältig gearbeitet, das Ergebnis aber war klar: Unsere Informationen passten nicht zusammen. Die Beziehungen zwischen den Regierungsspitzen in Paris und Berlin schienen weit auseinandergedriftet.

Lange Zeit hatte ich als Korrespondent in Asien Europa von außen betrachtet. Vor allem in Japan, Südkorea und China, von wo aus ich viele Jahre berichtete, hatten die deutsch-französischen Beziehungen immer einen Vorbildcharakter. Wer dort nicht nationalistisch dachte und die Welt ein bisschen kannte, für den war die Aussöhnung zwischen Franzosen und Deutschen nach dem Zweiten Weltkrieg ein ermutigendes Beispiel dafür, dass auch zwischen den asiatischen Erbfeinden eines Tages mehr Verständnis möglich sein könnte. Umso mehr identifizierte ich mich in Asien mit Europa. Begegnete ich dort Franzosen, waren wir uns schnell über alles Wichtige in Alltag und Politik einig. Nicht zufällig ergab sich für mich eine enge Freundschaft mit dem langjährigen Asien-Korrespondenten der Pariser Zeitung *Le Monde*, Frédéric Bobin, der erst in Peking und später auch in Neu-Delhi zu meinen Nachbarn zählte. Wir waren so etwas wie Brüder im Geiste. Unsere beiden Zeitungen *Le Monde* und *Die Zeit* schienen die Welt mit den gleichen Augen zu betrachten, ohne sich je Konkurrenz zu machen. Wir sahen von Weitem, wie sich unsere Regierungen in Opposition zum US-amerikanischen Irakkrieg verbündeten. Wir schauten aus großer Entfernung zu, wie sich Sarkozy und Merkel gemeinsam in der Weltfinanzkrise mühten. All das wirkte auf uns, als würden sich unsere Regierungen prima verstehen. Schon weil ähnlich enge politische Abstimmungen mit einem anderen Land dort, wo wir lebten, undenkbar erschienen.

Umso größer aber war der Schock nach dem deutsch-französischen Beinahebruch in der Griechenland-Krise.

Konnte da wirklich auseinanderfallen, was doch seit Monnet und Schuman, seit de Gaulle und Adenauer zusammengehörte? Wir bekamen plötzlich eine Ahnung davon, dass Hollande und Merkel ihre Beziehung nicht im Griff hatten. Dass sie ihre engsten Berater in völlig unterschiedliche Richtungen reden ließen. Dass es andere Ereignisse, gegenseitiges Desinteresse und die gut geölte Routine im Staatsbetrieb waren, die eine öffentliche Diskussion über eine deutsch-französische Krise vermeiden halfen. Dass diese Krise aber längst Wirklichkeit war.

Hierbei ging es den meisten Franzosen und Deutschen so wie uns in Asien: Sie sahen die Krise nicht. Sie glaubten der politischen Show. Zumal sich Hollande und Merkel ja nicht anbrüllten, sondern sogar regelmäßig miteinander telefonierten. Aber ihr Verhältnis war ereignislos, daher blieb auch ihr Auseinanderdriften fast unsichtbar. Es interessierte selbst die Medien nicht, weder in Frankreich noch in Deutschland.

Macron war als Wirtschaftsminister einer der Ersten überhaupt, der diese Krise in einem Hintergrundgespräch für ausländische Journalisten im kleinen Kreis einräumte. Später begegneten wir uns zufällig am Rande einer OECD-Konferenz in Paris. Ich erzählte ihm von dem Austausch mit Habermas. Aus terminlichen Gründen kam ein persönliches Treffen zwischen ihm und Habermas nie zustande. Doch immerhin: Macron versprach, den Deutschen bei Gelegenheit in Starnberg zu besuchen. Und so hatten wir nun unser eigenes Gesprächsthema: die Europa-Vision von Habermas.

Sie kommt der von Macron im Prinzip sehr nahe: All das nämlich, worüber in Berlin seit Jahren nur noch ewig gestrige Föderalisten reden wollen. »Die strukturellen Ungleichgewichte in der Euro-Zone verlangen eine gemeinsame Wirtschaftsregierung, die auf andere Politikfelder wie Steuern und Soziales ausgreift und die zu Effekten der Umverteilung über nationale Grenzen hinweg führt«, sagte Habermas im Mai 2012 in einem Interview der österreichischen Wochenzeitung *Die Furche*, pünktlich zum Amtsantritt von Hollande in Frankreich. Das war damals eine Position, die in Deutschland kaum noch verfing. Finanz-, Euro- und Griechenland-Krise ließen den Merkel'schen Pragmatismus längst alternativlos erscheinen. Aber auch in Frankreich gab es keine Anhänger für diese Idee. Denn Hollande ging schon bald den von seinem Berater Morelle später so scharf kritisierten Weg, der jede Konfrontation mit Berlin scheute.

Umso überraschender war, dass Macron in seiner Rolle als Wirtschaftsminister schon bald erkennen ließ, dass er Habermas' Positionen teilte. Er hatte nämlich die Europa-Aufsätze des Philosophen gründlich gelesen. Noch deutlicher wurde er, als er im April 2016 seine neue Bewegung *En Marche* gründete und damit seine eigene Kandidatur für die Präsidentschaft plante. Er wollte dem französischen Publikum beweisen, dass seine Stimme auch außerhalb Frankreichs Gehör findet. Also gewährte er noch im gleichen Monat der *Zeit* in der siebten Etage des Pariser Wirtschaftsministeriums ein Interview. Es wurde ein langes Mittagessen, mit allem, was in Frankreich dazugehört, und einem schönen Blick auf die Seine und Notre-Dame. Macron war damals in Frankreich bereits ein Star. In Deutschland hielt ihn niemand für einen aussichtsreichen Präsidentschaftskandidaten, weshalb das Interview in stark gekürzter Form erschien. Heute aber lohnt es sich, den in diesem Buch erstmals veröffentlichten vollständigen Wortlaut des Gesprächs zu lesen. Denn er zeigt, wie geradezu radikal europäisch Macron für deutsche Verhältnisse argumentiert. Tatsächlich ist er von diesen Ansichten auch seit seiner Wahl zum Präsidenten nicht abgerückt.

Das zeigt freilich auch, von welch weit entfernten Positionen Präsident und Kanzlerin heute aufeinander zugehen müssen. Da wirkte es reichlich verfrüht, als *Le Monde* schon nach dem ersten gemeinsamen EU-Gipfel der beiden Ende Juni 2017 mit der Schlagzeile aufwartete:»Merkel und Macron, die Symbiose«. In Wirklichkeit konnte von einer solchen keine Rede sein. Zwar war der Gipfel ein gelungenes Gegenstück zu jenem katastrophalen EU-Ratstreffen fünf Jahre zuvor, als Merkel den neu gewählten Hollande abblitzen ließ. Dieses Mal wollten Präsident und Kanzlerin bewusst gemeinsam auftreten, gaben anschließend sogar eine gemeinsame Pressekonferenz, die die wiedergefundene Einheit des deutsch-französischen Paares symbolisieren sollte. Insofern schon ein großer Fortschritt. Und doch war in der Sache noch nicht viel gewonnen.

Sicher, Franzosen und Deutsche hatten sich so gut wie seit Langem nicht mehr abgestimmt: etwa bei neuen Vorhaben zur europäischen Verteidigungspolitik, die nun zumindest auf dem Papier existierten. Oder in Fragen der Flüchtlingspolitik. Es gab auch erste gemeinsame Töne, was die institutionelle Verstärkung der Eurozone betraf. Aber harte Entscheidungen für mehr Europa, die dauerhaft für mehr Umverteilung zwischen den Nationen und einen europäischen Haushalt sorgen würden, gab es auch dieses Mal keine.

»In ganz Europa erkenne ich niemanden, der einen polarisierenden Wahlkampf riskieren würde, um für Europa Mehrheiten zu organisieren – und nur das könnte uns retten«, analysierte Jürgen Habermas im Mai 2012. Fünf Jahre später gibt es in Frankreich einen, der dieses Risiko gewagt und gewonnen hat. Er heißt Emmanuel Macron. Aber er allein kann uns nicht retten. Es bedarf mindestens einer deutschen Kanzlerin oder eines deutschen Kanzlers, die es ihm nachmachen. Warum nur ist das so schwer? Warum langweilte sich die Kanzlerin während der langen fünf Jahre der Präsidentschaft Hollandes im Élysée-Palast lieber, anstatt ihre eigene Frankreich-Initiative zu starten? Die Antworten greifen weit zurück.

4. KAPITEL

»Einen Voltaire verhaftet man nicht!«

Den Blues gab es früher auch schon

Merkels Frankreich-Blues der letzten Jahre ist im Grunde nicht überraschend, er ist auch kein Sonderfall der Geschichte. Viele ihrer Vorgänger haben ihn auch gehabt. Denn immer wieder zeichnen sich bedeutende Franzosen und bedeutende Deutsche durch ihre Wankelmütigkeit im Verhältnis zum Nachbarn aus. Gerhard Schröder und Willy Brandt zählen auf deutscher Seite dazu. Es gab Zeiten, da glaubten sie wie Merkel, dass Frankreich nicht so wichtig sei. Auch die französischen Präsidenten Jacques Chirac und Nicolas Sarkozy waren nicht immer sehr begeistert von Deutschland.

Doch es lohnt sich, erst einmal weiter zurückzuschauen. Im 18. Jahrhundert gab es mit Voltaire und Friedrich dem Großen das erste bedeutende deutsch-französische Politikerpaar der Moderne. Vierzig Jahre lang standen sie miteinander in Kontakt. Friedrich im ländlichen Preußen war fasziniert vom freien, weltlichen Pariser Geist Voltaires. Er führte mit dem Philosophen der französischen Aufklärung eine lange Briefkorrespondenz über Literatur, Politik, Geschichte und Religion. Voltaire wiederum schätzte den deutschen Protestantismus und erkannte in ihm eine Quelle unabhängigen Denkens. Er sah in Friedrich einen aufgeklärten, disziplinierten, moralisch integren Monarchen, wie er ihn im absolutistischen Frankreich zu seiner Lebenszeit nicht fand.

1740 kreuzten sich in Kleve die Wege Voltaires und Friedrichs, der soeben König geworden war, zum ersten Mal, doch erst zehn Jahre später hatten beide die Gelegenheit, sich persönlich kennenzulernen. Als Voltaire ab dem Sommer 1750 mehr als zwei Jahre bei Friedrich in Potsdam verbrachte, verblasste die gegenseitige Hochachtung allerdings schnell. Einmal geriet Friedrich über Voltaires unsaubere Geschäfte mit Wertpapieren und Juwelen in große Aufregung. Da hatte Friedrich seinen ersten Frankreich-Blues: Er konnte nicht verstehen, dass ein so großer Denker wie Voltaire finanziell so unseriöse Dinge unternahm. Ein Konflikt, dessen Kern man auch heute beobachten kann. Jedes Mal, wenn in den vergangenen Jahren deutsche Politiker ihre französischen Kollegen zum Einhalten der Finanzkriterien des Stabilitäts- und Wachstumspaktes mahnten, nahm es den Anschein, als spielte dabei Friedrichs alter Verdacht gegen den finanziellen Leichtsinn des französischen Überfliegers Voltaire eine historisch legitimierende Rolle.

Umgekehrt war Voltaire über Friedrich empört, als dieser einem renommierten Forscher am preußischen Hofe, dem damaligen Präsidenten der Berliner Akademie, größere wissenschaftliche Verdienste zusprach, als ihm angemessen erschien. Voltaire verstand von der

Sache mehr als der König. Also machte er sich in einer Schrift über den königstreuen Akademiepräsidenten lustig – Friedrich der Große aber ließ daraufhin die Schrift Voltaires verbrennen.

Auch dieses Urbeispiel eines deutsch-französischen Politikstreits findet bis heute seine Nachahmer. Gerne unterstellen Franzosen den Deutschen einen Hang zu maßloser Disziplin und Unterwürfigkeit. Tatsächlich fällt es den Deutschen manchmal schwer, von einer einmal für richtig befundenen Auffassung abzuweichen. Statt den eigenen Fehler anzuerkennen, bevorzugen sie lieber radikale Lösungen. So etwa bei den Verhandlungen im Sommer 2015, als Bundesfinanzminister Wolfgang Schäuble den Griechen mit dem Rauswurf aus der Eurozone drohte.

Wie Friedrich der Große war auch Wolfgang Schäuble immer ein großer Frankreich-Verehrer. Wie im Fall Friedrichs des Großen hielt das Schäuble aber auch nicht davon ab, deutsches Denken mit aller Macht gegen Frankreich durchzusetzen. Friedrich ließ Voltaire am Ende sogar für eine Woche unter Hausarrest stellen. Das war im Mai 1753. Mehr als zweihundert Jahre später sagte Charles de Gaulle immer noch: »Einen Voltaire verhaftet man nicht!« Ein Satz, der dem Existentialisten und Schriftsteller Jean-Paul Sartre galt. Als dieser auf dem Höhepunkt des Algerienkrieges die französischen Soldaten zur Gehorsamsverweigerung aufrief, wurde General de Gaulle nahegelegt, Sartre verhaften zu lassen. De Gaulle antwortete angeblich: »Das ist unmöglich, Sartre ist Frankreich – einen Voltaire verhaftet man nicht.« Schäubles Versuch, die Griechen aus der EU zu werfen, könnte uns ähnlich lange nachhängen.

Ein halbes Jahrhundert nachdem Voltaire und Friedrich aneinandergerieten, eroberte Napoleon Deutschland. Trotzdem sprach Johann Wolfgang von Goethe später wohlwollend über diese Zeit: »Unter uns, ich hasste die Franzosen nicht (…). Wie hätte auch ich (…) eine Nation hassen können, die zu den kultiviertesten der Erde gehört und der ich einen so großen Teil meiner eigenen Bildung verdankte.«

Goethe gab sich also zunächst einmal großzügig gegenüber den französischen Besatzern, auch weil sie die Nachkommen Voltaires und anderer großer Aufklärer waren. Die nämlich hatte er als Frankfurter Student mit der gleichen Begeisterung verschlungen, wie die globalisierte Studentenschaft unserer Zeit kürzlich das Aufklärungswerk des Franzosen Thomas Piketty über *Das Kapital im 21. Jahrhundert* entdeckte.

Doch selbst Goethes Solidarität mit Frankreich hielt der Zeit nicht stand. Auch er hatte am Ende seines Lebens den Frankreich-Blues. Sogar von Voltaire sagte er sich los: »Sie haben keinen Begriff von der Bedeutung, die Voltaire und seine großen Zeitgenossen in meiner Jugend hatten, und wie sie die ganze sittliche Welt beherrschten. Es geht aus meiner Biografie nicht deutlich hervor, was diese Männer für einen Einfluss auf meine Jugend gehabt, und was es mich gekostet, mich gegen sie zu wehren und mich auf eigene Füße in ein wahreres Verhältnis zur Natur zu stellen«, sagte Goethe in seinen Gesprächen mit Johann Peter Eckermann.

150 Jahre später waren es die deutschen 68er, die im Verhältnis zu Frankreich eine ähnliche Verwandlung durchmachten wie seinerzeit Goethe. Erst waren sie begeistert von den Revolten in Paris, vom Generalstreik der Franzosen und ihren Massendemonstrationen, die in Deutschland ihresgleichen suchten. Sie entdeckten damals viele neue Ideen in Frankreich: Existentialismus, Dekonstruktivismus, Poststrukturalismus, Postmodernismus, Feminismus – so wie einst Goethe die Gedanken der Französischen Revolution. Doch später wandten sich die deutschen 68er von Frankreich ab, um es wörtlich mit Goethe zu halten: Sie wehrten sich, stellten sich »auf eigene Füße in ein wahreres Verhältnis zur Natur«. Allen voran die deutschen Grünen beanspruchten das mit ihrer Atomkritik, die in Frankreich bis heute nicht verstanden wird.

Das »wahrere Verhältnis zur Natur« glauben aber auch deutsche Feministinnen erreicht zu haben, in deren Augen die französischen Frauen den Dreh zu einem flexibleren Umgang mit Beruf, Familie und Kind nicht geschafft haben. Das ist im heutigen Frankreich wirklich ein Problem: Frauen wählen so gut wie nie eine natürliche Geburt, sie stillen ihre Kinder schnell ab, sie bringen ihre Kinder meist schon nach dem Mutterschutz von drei Monaten in die Krippe und ordnen so vieles, was für eine große Zahl deutscher Frauen undenkbar wäre, dem Beruf unter. Das entspringt einem in Deutschland heute eher als altmodisch empfundenen Feminismus, der vor allem auf die materielle Unabhängigkeit vom Mann setzt. Doch die französische Philosophin Elisabeth Badinter, eine Schülerin Simone de Beauvoirs, dominiert diese Debatte in Frankreich immer noch nach Belieben. Wehe, die Zahl der stillenden Mütter in Frankreich steigt leicht an, sofort interveniert Badinter gegen die Lehre von der »reinen Ökologie« als Gefahr für die Frauenrechte. Deutsche Feministinnen, die eher den Grünen nahestehen, können das kaum nachvollziehen und sind deshalb wie viele deutsche Atomgegner nicht immun gegen den Frankreich-Blues.

Überhaupt gab es stets nur wenige auf deutscher Seite, deren Frankreich-Überzeugung nicht nur eine Lebensphase währte, sondern ein Leben lang hielt. Heinrich Heine zählte zu diesen Ausnahmeerscheinungen.

Wo Goethe trotz aller anfänglichen Achtung vor den französischen Besatzern »Gott dankte, als wir sie los waren«, da erkannte Heine 1836 in seiner Vorrede »Über die Denunzianten« in Frankreich nur eines: »Frankreich ist jetzt unser natürlicher Bundesgenosse. Wer dieses nicht einsieht, ist ein Dummkopf, wer dieses einsieht und dagegen handelt, ist ein Verräter.«

Mit Heine kam in der ersten Hälfte des 19. Jahrhunderts ein neues europäisches Denken auf: »Täglich verschwinden mehr und mehr die törichten Nationalvorurteile, alle schroffen Besonderheiten gehen unter in der Allgemeinheit der europäischen Zivilisation, es gibt jetzt in Europa keine Nationen mehr, sondern nur Parteien, und es ist ein wundersamer Anblick, wie diese (…) trotz der vielen Sprachverschiedenheiten sich sehr gut verstehen«, schrieb Heine im Jahr 1828. Es liest sich wie ein Manifest aus den Jahren Jacques Delors' als Kommissionspräsident in Brüssel, als die Europäische Union, so wie sie heute besteht, gegründet wurde. Ihm wohnt bereits der Geist inne, der seit 1987 das von Delors angestoßene Erasmus-Programm trägt: Millionen Studenten, die europaweit ihre Studienplätze wie selbstverständlich wechseln, »gehen unter in der Allgemeinheit der europäischen Zivilisation«. Doch Heine war nicht nur Optimist. »Für die Nachbarländer ist nichts wichtiger, als sich zu kennen. Irrtümer können hier die blutigsten Folgen haben«, schrieb er in weiser Voraussicht deutschfranzösischer Kriege, die noch folgen sollten.

Sicher, das klingt für uns heute weit hergeholt: Um unmittelbar blutige Folgen geht es derzeit nicht, wenn sich Macron und Merkel treffen. Doch es geht um folgenschwere Irrtümer. Die kann es immer geben. Zumal wenn Franzosen und Deutsche immer noch so unterschiedliche Mentalitäten aufweisen, von denen schon Heine berichtete: »Sie gehen jeder Frage direkt auf den Leib und zerren daran solange herum, bis sie entweder gelöst oder als unauflösbar beseitigt wird. Das ist der Charakter der Franzosen. Der Deutsche, aus Scheu vor aller Neuerung, deren Folgen nicht klar zu ermitteln sind, geht jeder bedeutenden politischen Frage so lange wie möglich aus dem Wege, oder sucht ihr durch Umwege eine notdürftige Vermittlung abzugewinnen, und die Fragen häufen und verwickeln sich unterdessen.«

Heines Charakterisierung von Franzosen und Deutschen aus seinem Frankreich-Werk *Lutetia* lässt sich erschreckend leicht auf die Gegenwart übertragen. Die Franzosen, so schien es im Wahljahr 2017, rückten der großen Europa-Frage unserer Zeit direkt auf den Leib: Ja oder Nein? Wollen wir mehr oder weniger Europa? Macron oder Le Pen? Die Antwort der Franzosen lautete: Ja, mehr Europa, also Macron. Die Deutschen dagegen schienen der bedeutendsten politischen Frage des Wahljahres 2017 geflissentlich aus dem Weg gehen zu wollen: Sie scheuen, wie schon Heine schreibt, Neuerungen. Mehr Europa könnte teuer werden; Macron könnte ein teurer Freund sein, wie der *Spiegel* warnte. Also vermied Merkel Festlegungen vor der Wahl. Sie ging, um mit Heine zu sprechen, der bedeutenden politischen Frage so lange wie möglich aus dem Wege. Aber in der Zwischenzeit »häufen und verwickeln sich« die Fragen. Gut möglich, dass Heine hier die Zukunft von »Mercron« vorhersagt, so wie er schon die Kriege zwischen Frankreich und Deutschland prophezeite.

Heines Engagement war unermüdlich. »Es war die große Aufgabe meines Lebens, an dem herzlichen Einverständnis zwischen Deutschland und Frankreich zu arbeiten«, schrieb er zum Ende seines Lebens. Erstaunlich ist, wie wenig Nachfolger er bis heute hat, denen man wirklich die deutsch-französische Sache als höchste Lebensaufgabe abnehmen kann. Im auf Heine folgenden Zeitalter der deutsch-französischen Kriege findet sich da keiner.

Eine Ausnahme bildete vielleicht der überzeugte Pazifist und französische Literaturnobelpreisträger Romain Rolland, der in seinem zehnbändigen Romanfresko *Jean-Christophe* bereits vor dem Ersten Weltkrieg gegen die tief verankerte Erzählung des »Erbfeindes« anschrieb und, im Gegensatz zu ihr, für eine dauerhafte deutsch-französische Freundschaft plädierte.

Nach dem Zweiten Weltkrieg könnten es Jean Monnet und Robert Schuman auf französischer Seite sein. Sie erkannten die Aussöhnung mit Deutschland als zentrale Aufgabe an. Doch Monnet war eher der Typ *Global Player*, er war von Haus aus Unternehmer und Manager, schon in den dreißiger Jahren war er stellvertretender Generalsekretär des Völkerbunds. Auf ihn gründet jene politische Theorie »der Dynamik in kleinen Schritten von nachhaltiger Bedeutung«. Man nennt sie die Methode Monnet. Sie diente als Wegbereiter der Europäischen Einigung nach dem Zweiten Weltkrieg. Auch in Deutschland sind deshalb viele Straßen nach Jean Monnet benannt. Die deutsch-französische Aussöhnung war für ihn ein willkommenes Ergebnis seiner Methode, aber nicht sein wichtigster Lebensinhalt.

Anders lag der Fall bei Robert Schuman. Er war ein würdiger Nachfolger Heines. Er lebte wie der deutsche Dichter in beiden Ländern: Bis zu seinem 33. Lebensjahr war er Deutscher – da das Deutsche Reich unter Bismarck 1871 Elsass-Lothringen annektiert hatte, wo Schuman aufwuchs und 1912 eine Rechtsanwaltskanzlei gründete. Doch als Elsass-Lothringen nach dem Ersten Weltkrieg zurück an Frankreich fiel, bekam Schuman im Jahr 1919 die französische Staatsangehörigkeit. 1928 wurde er Abgeordneter, später Vize-Präsident des französischen Parlaments, bis ihn die Gestapo 1941 verhaftete. Sein Grenzgängertum befähigte ihn nach dem Zweiten Weltkrieg wie keinen anderen, für beide Nationen, für Frankreich *und* Deutschland zu sprechen. Nach ihm wurde nicht umsonst der entscheidende, von Monnet verfasste Plan benannt, der Europas Einigung auf den Weg brachte. Der Schuman-Plan sah die Schaffung einer Europäischen Gemeinschaft für Kohle und Stahl (EGKS) vor, die sich später als Keimzelle der EU entpuppte. »Die Vereinigung der europäischen Nationen erfordert, dass der jahrhundertealte Gegensatz zwischen Frankreich und Deutschland ausgelöscht wird«, sagte Schuman als französischer Außenminister in seiner historischen Erklärung vom 9. Mai 1950 zur Gründung der EGKS in Paris. Bis zu seinem Lebensende dreizehn Jahre später blieb er ein unbeirrbarer Vertreter dieser Idee. Schumann bekam dafür alles, was Deutschland an Ehren zu bieten hatte – Karlspreis, Erasmuspreis und als höchsten Verdienstorden das Großkreuz –, und vom Papst den Piusorden. Schuman war damals eine Art weltliche Heiligengestalt, die das nach der Erbfeindschaft Undenkbare möglich machte. Die historischen Umstände nach dem Zweiten Weltkrieg trugen ihm diese einmalige Rolle zu. Nach seinem Tod neu zu besetzen aber war diese Rolle nicht. Schon bald fand Heine wieder keinen Nachfolger.

Die Intellektuellen der Zeit hatten wichtigere Aufgaben. Sie mussten die Kriegsursachen erklären und erachteten größere Dinge als das Klein-Klein des deutsch-französischen Nachbarschaftsstreits für relevant. Noch im amerikanischen Exil befasste sich Theodor W. Adorno mit der Konvergenz zwischen »europäischem Faschismus und der amerikanischen Unterhaltungsindustrie«. Dem deutschen Vater der 68er-Revolte graute davor mehr als vor einem neuen deutsch-französischen Konflikt. Ebenso der große Nachkriegsphilosoph auf französischer Seite: Jean-Paul Sartre erfand den Existentialismus als Antwort auf die scheinbar unbezwingbaren (Kriegs-)Mächte des Kapitalismus. Sartre gab mit seiner Theorie dem Einzelnen Freiheit und Verantwortung zurück, ohne damit dem Kampf der Linken gegen den Kapitalismus abzuschwören. Ganz im Gegenteil: Er engagierte sich in der Kommunistischen Partei Frankreichs und führte 1968 die Studentenrevolte in Paris an. Zur gleichen Zeit lehnte Adorno in Frankfurt die radikalen Forderungen seiner linken Studenten ab. Dennoch einte Sartre und Adorno mehr, als sie vielleicht dachten: Sie blieben Großdenker. Das Deutsch-Französische war ihnen eine Nummer zu klein. Das überließen sie den von ihnen scharf kritisierten Staatsführern de Gaulle und Adenauer.

De Gaulle und Adenauer hatten gemeinsam nur fünf Jahre, von der Ernennung des Generals zum Ministerpräsidenten 1958 bis zur Abdankung des Kanzlers 1963. Doch diese nutzten sie. Sie entwickelten bald eine voll belastbare politische Freundschaft, die auf einer persönlichen Einladung de Gaulles an Adenauer in sein Landhaus in Colombey-les-Deux-Églises im September 1958 gründete. Sie kamen sich über ihre vergleichbaren bürgerlichen Familiengeschichten am Ende des 19. Jahrhunderts näher und über den gemeinsamen katholischen Glauben. Es half, dass Adenauer kein Nazi gewesen war. Er sei ein guter, kein böser Deutscher, versicherte de Gaulle seiner Köchin in Colombey bereits beim ersten Treffen. Das diente auch der Selbstvergewisserung: Denn de Gaulle machte damals den größeren Schritt. Er hatte Deutschland im Ersten und Zweiten Weltkrieg jahrelang und unter Einsatz seines Lebens als Soldat und Widerstandsführer bekämpft. Adenauer war dagegen nie im Krieg gewesen und bemühte sich schon zwischen den Weltkriegen als Bürgermeister von Köln um ein besseres Verhältnis zu Frankreich. Er war insofern auf seine Rolle als Versöhner bereits vorbereitet. Doch egal, wer zu Beginn ihrer Beziehung mehr wagte, der deutsch-französische Freundschaftsvertrag von 1963 war ihr gemeinsames Werk. Beide hatten die historische Tragweite der Methode Monnet und des Schuman-Plans begriffen und gossen das Werk der zwei Vorbereiter mit dem Freundschaftsvertrag in einen festen, dauerhaften bilateralen Rahmen. Erst dieser Vertrag begründete das deutsch-französische Jugendwerk, den regelmäßigen Schüleraustausch und viele Städtepartnerschaften. Erst jetzt mussten sich deutsche und französische Regierungen regelmäßig treffen und konsultieren.

Das ist heute alles Alltag, aber im weltweiten Vergleich immer noch einmalig. Wobei der Vertrag mit Sicherheit ein entscheidender Grund bleibt, warum heute nicht gleich alles anbrennt, wenn sich zwei Politiker wie Hollande und Merkel nicht verstehen. Denn der Schüleraustausch und die Städtepartnerschaften funktionieren ja. Vielleicht mit weniger überwältigender Begeisterung als früher, aber der Kontakt zwischen den Völkern, nicht nur zwischen den Politikern, bleibt bestehen. Auch *arte*, der Fernsehsender, der Ende der

achtziger Jahre auf Initiative dreier deutscher Ministerpräsidenten und mit Unterstützung Kohls und Mitterrands gegründet wurde, trägt regelmäßig dazu bei, dass
wir die Sichtweisen des Anderen am Rhein wahrnehmen und nachvollziehen können.

Zugleich aber lässt einen der Rückblick auf die fünf
gemeinsamen Jahre de Gaulles und Adenauers auch ein
wenig erschrecken. Man denkt ja, sie hätten eine Epoche
zusammen geprägt. Aber es war nur für eine kurze Zeit.
Fünf Jahre, die gerade erst auch Hollande und Merkel
zusammen hatten und für so gut wie keine gemeinsame
Anstrengung nutzten. Fünf Jahre, in denen ein schlechtes Präsidenten-Kanzler-Paar in Zukunft vielleicht genau so viel kaputt machen könnte, wie de Gaulle und
Adenauer einmal aufgebaut haben. Ihre Nachfolger un-
terlagen jedenfalls immer wieder der Versuchung, das
deutsch-französische Einigungswerk zu beschädigen.
Viel häufiger, als man gemeinhin denkt, weil ja bisher,
gerade jetzt wieder mit »Mercron«, letztlich alles gutzu-
gehen scheint.

Doch schon Monate nach Verabschiedung des deutsch-
französischen Freundschaftsvertrages im Bundestag im
Juli 1963 wurde der Vertrag wieder auf Eis gelegt. Denn
in Deutschland folgte Ludwig Erhard auf Konrad Adenauer. Und damit herrschte schon wieder Funkstille
zwischen Paris und Bonn. Erhard und de Gaulle hatten
ein unterkühltes Verhältnis. Schon ihr erstes Gespräch
sei »schroff, um nicht zu sagen unhöflich verlaufen«,
erinnerte sich Mitte der sechziger Jahre Pierre Viansson-
Ponte, Politik-Chef von *Le Monde*, in einem Gastbeitrag

für die *Zeit*. Symptomatisch ist auch ein Bild nach einem Treffen Erhards und de Gaulles in Bonn im Juli 1964: Beide schauten sich nicht an, sondern blickten stattdessen mit, man möchte meinen, fast gequälter Miene auf den Boden. Der *Spiegel* kommentierte damals, Erhard habe ein »zeitgenössisches Schlachtengemälde« entworfen. »Ein redliches Ringen um glückliche Lösungen«, soll das Resümee des Kanzlers zu seinem Gespräch mit de Gaulle gelautet haben.

Erhard bestand auf dem Vorrang der deutschen Westbindung an die USA und die Nato. De Gaulle war aus der Nato ausgetreten und wollte ein von den USA unabhängiges Europa. »Jetzt hält er sich noch für einen Cowboy!«, soll de Gaulle die Bilder vom ersten Besuch Erhards bei US-Präsident Lyndon Johnson in den USA kommentiert haben. In de Gaulles Vorstellungswelt wäre eine tiefgehende Annäherung an den transatlantischen Partner schlichtweg einer Entmachtung Frankreichs gleichgekommen. »Wir haben uns in den vergangenen sieben Jahren für die Unabhängigkeit entschieden«, verkündete der General in einer langen Fernsehansprache im April 1965. »Es gibt nun eine Politik für Frankreich, und die wird in Paris gemacht!« Darüber hinaus lastete bis zu de Gaulles Rücktritt die *Causa Britannica* auf dem deutsch-französischen Verhältnis: Zum starken Missfallen der deutschen Kanzler Erhard und Kiesinger hatte sich der französische Präsident stets mit seinem Veto gegen die europäischen Befürworter eines Beitritts Großbritanniens in die damalige EWG (Europäische Wirtschaftsgemeinschaft) durchgesetzt.

Wenige Jahre später kamen sich De-Gaulle-Nachfolger Georges Pompidou und der erste sozialdemokratische deutsche Bundeskanzler Willy Brandt auch nicht richtig näher. Denn so wie Erhard das Bündnis mit den USA wichtiger als die Beziehung zu Frankreich gewesen war, so favorisierte Brandt nun die Ostpolitik, die Annäherung an die Sowjetunion, Osteuropa und die DDR. Bald kamen im Élysée-Palast Befürchtungen auf, Brandt strebe eine rasche deutsche Wiedervereinigung an. Das entsprach zwar nicht den Tatsachen, richtig war aber, dass Brandts Prioritäten nicht in Paris lagen. Entsprechend fühlte sich Pompidou zurückgesetzt, der als Premierminister an der Seite de Gaulles noch viel zum Gelingen des deutsch-französischen Freundschaftsvertrages beigetragen hatte. »Die Situation in Paris war ein bisschen, ich sage mal zwiespältig, um es milde zu sagen«, beschrieb Egon Bahr, der wichtigste außenpolitische Berater Brandts, 2006 in einem Interview die Reaktion im Élysée-Palast auf die Ostpolitik des deutschen Kanzlers.

Doch außer den Verstimmungen auf außenpolitischer Ebene prallten Brandt und Pompidou auch bei der Frage, wie und bis wohin man die EWG zu einer europäischen Wirtschafts- und Währungsunion ausbauen sollte, aneinander. Ein Projekt, das beim ersten gemeinsamen Gipfel in Den Haag im Dezember 1969 beschlossen wurde und von dem sich Brandt viel erhofft hatte. In einer Regierungserklärung bezeichnete er den Werner-Plan, der in Folge des Gipfels entworfen wurde, als *Magna Charta der Gemeinschaft*. Pompidou hingegen befürchtete, dass die eigene französische Wirtschaft zu viel Liberalismus nicht standhalte. Drei Jahre lang war sie immer wieder Gesprächsthema der beiden Staatenlenker. Am Ende stand ein Kompromiss, der, so die Historikerin Claudia Hiepel, »davon lebte, dass die kontroversen Fragen ausgelassen wurden«.

So hatten gleich drei deutsche Kanzler nacheinander, Erhard, Kiesinger und Brandt, den Frankreich-Blues. Gut, dass nach ihnen Helmut Schmidt kam: Endlich wieder einer, der voll auf das Bündnis mit Paris setzte, endlich wieder ein Monnet-Fan. Wobei es hilfreich war, dass Schmidt 1974 fast gleichzeitig mit seinem ihm schon zuvor vertrauten Freund Valéry Giscard d'Estaing an die Macht gekommen war.

Giscard und Schmidt verbrachten sieben Jahre zusammen an der Spitze beider Länder. Sie waren sich in dieser Zeit bis in viele politische Details einig. Gleich zu Beginn räumte Giscard einen Zankapfel vorheriger Präsidenten-Kanzler-Paare aus dem Weg: Die deutsche Außenpolitik musste sich nicht länger entscheiden, ob sie verstärkte Beziehungen zu Paris oder Washington unterhalten wollte. Beides war möglich. Schmidt und Giscard, das waren zwei überzeugte Europäer und zwei analytische Realisten. Wo de Gaulle und Adenauer noch ihre Mitarbeiter für das politische Alltagsgeschäft einsetzten, arbeiten nun erstmals ein französischer und ein deutscher Regierungschef persönlich Hand in Hand. Sie sahen sich viel häufiger, als im deutsch-französischen Freundschaftsvertrag vorgesehen war. Sie telefonierten oft, hatten ständig neue Ideen: erst die Einrichtung der G 7, dann die Schaffung des Europäischen Währungssystems (EWS) als Antwort auf die Ölkrise und das Ende des Bretton-Woods-Währungssystems. Später die allgemeinen Wahlen zum Europaparlament, die sie noch in ihrer gemeinsamen Regierungszeit 1979 veranlassten.

Dabei war der Hamburger Schmidt eigentlich ein Anglophiler. Er sprach mit Giscard englisch, sein Französisch reichte nicht, während Giscard fließend Deutsch konnte. Doch sie hatten beide die Monnet-Methode verinnerlicht: kleine, nachhaltige Schritte. Und sie waren beide von Haus aus zupackende Wirtschaftspolitiker. Sie zögerten mit ihren Entscheidungen nicht, glaubten zu wissen, was funktioniert und was nicht. Mit dem Ergebnis: Sie bekamen die bis dahin unbekannte Massenarbeitslosigkeit nicht in den Griff und wurden beide abgewählt. Doch das ändert nichts an ihrem leuchtenden Beispiel: Nie wieder arbeiteten Präsident und Kanzler so eng, so freundschaftlich und so selbstverständlich zusammen. Giscard beschrieb seine Beziehung zu Schmidt einmal so: »Wir haben uns sehr lange gekannt und vertrauten einander absolut.« Der Hanseat wiederum führte den »Schwung«, den es zwischen ihm und Giscard gab, auf ein besonderes »Momentum« zurück: den »unbedingten Willen zur Zusammenarbeit (…) – egal, was das Problem ist«.

Bei den Machern Giscard und Schmidt ging dabei oft unter, was ihr eigentliches Grundanliegen war. Nämlich die Integration eines potenziell zu starken Deutschlands in einen europäischen Staatenverbund. Das Motiv trat erst so richtig zum Vorschein, als Schmidt im November

2011 inmitten der Eurokrise ein letztes Mal auf einem SPD-Parteitag sprach.

Schmidt zeigte sich hier noch einmal als der nach Adenauer vielleicht würdigste deutsche Heine-Nachfolger. Alle deutsche Politik ordnete er dem Interesse einer europäischen Einigung und an erster Stelle mit Frankreich unter. Nichts war ihm wichtiger, da dachte er wie Heine. Nur hatte Schmidt ganz andere Beweggründe.

»Nicht der Idealismus Victor Hugos, der 1849 zur Vereinigung Europas aufgerufen hat, noch irgendein Idealismus stand 1950/52 am Beginn der damals auf Westeuropa beschränkten europäischen Integration«, sagte Schmidt vor den Delegierten. Er war nicht durch die Französische Revolution, sondern durch die deutschen Kriege gegen Frankreich zum eisernen Verfechter der deutsch-französischen Sache geworden. Er kannte keinen Frankreich-Blues. Er wollte immer die Lehren aus den Kriegen ziehen, und tat das im November 2011 wie folgt: »Dagegen wäre ein Streben nach einer eigenen Rolle in der Weltpolitik und das Streben nach weltpolitischem Prestige ziemlich unnütz, wahrscheinlich sogar schädlich. Jedenfalls bleibt die enge Zusammenarbeit mit Frankreich und mit Polen unerlässlich, mit allen unseren Nachbarn und Partnern in Europa.« Es war eine berechtigte Warnung, die Schmidt aussprach. Denn danach folgten fünf Jahre, in denen das weltpolitische Prestige Deutschlands etwa in dem gleichen Maße zunahm, wie das weltpolitische Prestige Frankreichs sank.

Mitterrand und Kohl, Chirac und Schröder, Sarkozy und Merkel – sie alle hatten unterschiedliche Phasen miteinander. Mal lief es, mal lief es nicht. Zunächst gelang es Mitterrand und Kohl, sich fast schon ikonografisch ins deutsch-französische Gedächtnis einzubrennen, als sie sich 1984 – ausgehend von einer spontanen Bewegung Mitterrands – in Douaumont vor einem mit deutscher und französischer Flagge bedeckten Sarg die Hände reichten. Die Versöhnung würde nun von beiden Seiten getragen, kommentierte damals das französische Fernsehen. Fünf Jahre später hätte sich Mitterrands anfängliche Skepsis gegenüber der deutschen Einheit zur handfesten europäischen Krise ausweiten können. Der französische Präsident hatte Zweifel, ob sich ein wiedervereinigtes Deutschland noch länger für die europäische Integration interessieren würde. Es könnte sein Heil in anderen Bündnissen suchen, es könnte nach Größe streben, fürchtete er. Eine illusorische Annahme aus Sicht von Kanzler Kohl, dem es gelang, Mitterrand zu besänftigen.

Gerhard Schröders Begeisterung für den britischen Premier Tony Blair und seinen dritten Weg neben linker Sozialdemokratie und hartem Neoliberalismus hätte das deutsch-französische Verhältnis dauerhaft verwaisen lassen können. Denn weder der konservative Staatspräsident Jacques Chirac noch dessen sozialistischer Premierminister Lionel Jospin waren vom deutschen Flirt mit London sonderlich angetan. Anfangs waren sich Schröder und Chirac auch uneins, wie die Krise, in der sich die Europäische Union seit Jahren befand, zu lösen wäre. Fest stand lediglich, es geht nur gemeinsam. »Wenn Frankreich und Deutschland einmal hü und einmal hott sagen, wird es mit Europa nicht vorangehen«, meinte Chirac in einem Zeitungsinterview 2001. Doch dann fanden sich Chirac und Schröder im gemeinsamen Widerstand gegen den Irakkrieg. Schröder hatte die ablehnende Haltung bereits zum Thema im Bundestagswahlkampf 2002 gemacht: »Druck auf Saddam ja, aber Spielerei mit Krieg und militärischer Intervention (…) ist mit uns nicht zu machen.« Der Widerstand gegen den Irakkrieg fand auch Eingang in die Feierlichkeiten zum 40. Jahrestag des Élysée-Vertrages. Chirac lobte in seiner Rede bei der gemeinsamen Sitzung des französischen und deutschen Parlaments in Versailles die gemeinsame Haltung: »Frankreich und Deutschland haben sich beispielhaft und genau abgestimmt, um alles für den Frieden zu ermöglichen.« Ein paar Monate später, im Herbst 2003, setzten dann beide Regierungschefs kurzerhand die Defizitgrenze des europäischen Stabilitätspaktes außer Kraft. »Flexible Auslegung« nannte man es im deutschen Duktus, Prävention vor dem »Kaputtsparen« in einer unsicheren Konjunkturlage im französischen Sprachgebrauch.

Merkels Abscheu vor Sarkozys aufdringlicher Art hätte womöglich politische Folgen haben können, wenn nicht die Finanzkrise 2008 beide zur fast schon täglichen Koordination ihres Krisenmanagements gezwungen hätte. Merkel hatte es mit Sarkozy wirklich nicht immer leicht. Einmal trafen sie sich in Cannes an der Côte d'Azur. Sarkozy: »Du bist eben doch ganz schön kokett, Angela!« Merkel: »Kokett?« Sarkozy: »Aber ja, kokett! Glaubst du, die Sache mit deinem Ausschnitt wäre mir entgangen? Ganz Frankreich hat darüber geredet!« Was auch immer sich über Merkels im Frühjahr 2008 weltweit kommentierten Auftritt bei der Eröffnung der Osloer Oper sagen ließ, von Sarkozy wollte die Kanzlerin darüber bestimmt nicht belehrt werden. Das aber wiederum zeigt, wie banal die Dinge sein können, die den Frankreich-Blues verstärken. Und wie hartgesotten man sein muss, ihm zu widerstehen. Das gilt für Politiker und Völker rechts und links des Rheins in gleichem Maße.

5. KAPITEL

»Wie geht es unserer Chefin heute?«

Deutsches Lohndumping, wütende Arbeiter und die unantastbare Königin von Europa

Angela Merkels Popularität in Frankreich ist echt, denn die Franzosen nehmen sie ganz anders wahr als die Deutschen. Von der zaudernden Kanzlerin, die Entscheidungen auch gerne mal hinausschiebt, haben die Franzosen nie gehört. Ebenso wenig kennen sie ihre progressive Seite, die sie für viele Deutsche schon fast als Sozialdemokratin durchgehen lässt. Die meisten Franzosen kennen auch ihren spezifisch ostdeutschen Hintergrund nicht und wissen nicht, was einer protestantischen Pastorentochter unterstellt wird. Denn all das interessiert sie in der Regel nicht. Stattdessen schauen sie auf Merkel, wie sie gerne auf ihren eigenen Präsidenten schauen würden: als eine alles überstrahlende Respektfigur, die den gemeinsamen Fortschritt der Nation verkörpert. Diese Respektfigur aber fehlt ihnen seit zehn Jahren – Nicolas Sarkozy und François Hollande füllten die Rolle nicht aus. Umso neidischer blicken die Franzosen nach Deutschland: Denn dort scheint Merkel dieser Rolle gerecht zu werden. Dass der Job im Berliner Kanzleramt ganz andere Qualitäten verlangt als der im Élysée-Palast, spielt dabei keine Rolle. Auch urteilen die Franzosen nicht über eine bestimmte Politik oder Grundhaltung Merkels. Vielmehr wuchs das Ansehen der Kanzlerin in dem Maße, wie das Ansehen des eigenen Präsidenten schwand.

Emmanuel Macron hatte sich bereits im Oktober 2016 – noch vor seiner Präsidentschaftskandidatur – für das Konzept eines »Präsidenten im Jupiter-Stil« ausgesprochen. Also eines Präsidenten, der seine Macht ohne Zögern in Anspruch nimmt, der auch mal abgehoben erscheinen darf, wenn es ihm gelingt, dass die Leute an ihn glauben. Daran hält er bis heute fest. »Jupiter im Élysée«, titelte daher das Magazin *Le Point* einen Monat nach Macrons Einzug in den Präsidentenpalast. Und spätestens seit Macrons Absage des traditionellen Fernsehinterviews am französischen Nationalfeiertag zugunsten einer Grundsatzrede à la amerikanischer *State of the Union Address* vor dem versammelten Parlament in Versailles war die Idee des Über-Präsidenten wieder in aller Munde.

In einem solchen Jupiter-Habitus erschien in den letzten Jahren vielen Franzosen Angela Merkel. Sie war die Chefin Europas, weit weg, abgehoben, aber jemand, der seine Sache gut macht. Eine, die Deutschland inkarniert. Aber leider nicht Frankreich.

Ich weiß nicht mehr, wie viele Male mich Franzosen ungefragt auf die Kanzlerin angesprochen haben, als sie merkten, dass ich Deutscher bin. »Wie geht es unse-

rer Chefin?«, fragten sie dann. Dabei sprachen sie von
»Madame Merkel« nie schlecht, im Gegenteil, fast immer voller Hochachtung. Dies belegen auch die vielen
Umfragen während der vergangenen Jahre: Eine große
Mehrheit der Franzosen äußerte sich stets positiv über
die deutsche Regierungschefin. Bei den eigenen Präsidenten war das schon wenige Monate nach ihrer Wahl
nicht mehr der Fall. In Spitzenzeiten klaffte die Lücke
mit 74 Prozent Zustimmung für Merkel und 33 Prozent
für Hollande deutlich auseinander.

Doch eines war sicher nicht gemeint: eine Dominanz
Deutschlands gegenüber Frankreich, wie sie viele Franzosen empfanden. Oder Merkels stärkere Stellung gegenüber dem französischen Präsidenten. Vielmehr waren
die Franzosen bisher bereit, den Vorsprung Deutschlands anzuerkennen, ohne dabei auf die Deutschen wütend zu werden. Die Schuld gaben sie sich selbst und ihren Präsidenten. Besonders Macrons Vorgänger François
Hollande musste viel einstecken. »Mit Hollande war es
so, als ob man in einem Ferrari sitzen würde, aber den
ersten Gang nicht reinbekommt«, sagte der 44-jährige
arbeitslose Automechaniker Thierry an seinem Stamm-
tresen im *Hôtel de la Poste* in der Pariser Arbeitervorstadt
Alfortville. Er wollte seinen Nachnamen nicht nennen,
nahm sich aber viel Zeit für ein Gespräch, ja, es schien
ihm fast eine Ehre zu sein, sich mit einem deutschen
Journalisten ernsthaft zu unterhalten.

Insbesondere bei Anhängern des rechtsextremisti-
schen Front National (FN) war das ähnlich. Immer wieder wurde ich von ihnen als Deutscher gut aufgenom-

men und über vieles, nicht nur die Kanzlerin, befragt. Wie sich die gute Wirtschaftslage erkläre, wie hoch die Löhne seien, ob Osteuropäer und Flüchtlinge den Deutschen nicht die Arbeit wegnähmen? Ihr Interesse an Deutschland war fast durchweg groß. Sie glaubten, von Deutschland lernen zu können, weil Deutschland für sie Größe und Stärke bewies. Genau das, was ihnen als überzeugten Nationalisten in Frankreich fehlte. »Merkel will doch die Königin Europas sein?« oder »Merkel ist eine eiserne Kanzlerin, nicht wahr?«, fragten sie und waren dann erstaunt, ganz andere Geschichten über die deutsche Regierungschefin zu erfahren. »In Deutschland wird richtig gearbeitet. In Frankreich haben wir zu viele Sozialschmarotzer« war eines der vorherrschenden Bilder von beiden Ländern. »Jeder, der kann, muss arbeiten. Ich stehe ja auch jeden Morgen früh auf. Wir dürfen nicht länger diejenigen unterstützen, die zu Hause rumsitzen, obwohl sie arbeiten könnten«, erklärte mancher seiner Entscheidung, für den Front National zu stimmen. Sie schämten sich regelrecht für die französische 35-Stunden-Woche.

Es war eine neue Art der Deutschland-Verehrung, die mir da entgegengebracht wurde. Sicher gibt es beim Front National auch noch alte Kämpen, denen beim Schwärmen für deutsche Disziplin sentimentale Erinnerungen an das Vichy-Regime während des Zweiten Weltkrieges einfallen. Doch das sind die in die Jahre gekommenen Freunde des Parteigründers Jean-Marie Le Pen, die heute in der Partei nicht mehr das Sagen haben. Die Jungen sehen Deutschland viel nüchterner:

als das Land in Europa, das sich von niemandem etwas sagen lassen muss. Und vor dem der eigene Präsident kuscht. Also ziehen sie vor der Kanzlerin Merkel den Hut. Auch die junge FN-Generation lebt schließlich im ausgesöhnten Europa, auch für sie ist die alte deutsch-französische Erbfeindschaft nicht mehr nachvollziehbar. Aber sie wollen als Franzosen nicht klein beigeben. Sie wollen, dass ihr Land mindestens genauso viel wie Deutschland zählt.

Meist stammen die FN-Anhänger aus kleinen Verhältnissen und sind noch nie in Deutschland gewesen. Wenn ein deutscher Reporter zu ihnen kommt, ist das für sie Besuch aus der großen weiten Welt. Sie wollen dann mit Stolz zeigen, dass sie Franzosen sind.

Geneviève Blanc, eine 50-jährige FN-Abgeordnete des Departments Var in Südfrankreich, führte mich einmal zu ihrem Dorfkloster, wo sich im Zweiten Weltkrieg Kämpfer der Résistance versteckt hielten. Sie beteuerte ausdrücklich, dass sie die alten Kriegsgeschichten vom Kampf gegen die Deutschen nicht mehr interessierten, sie aber alles versuche, das alte Kloster vor dem Verfall zu retten, weil das Dorf sonst seinen Mittelpunkt verlöre. Der Stolz auf das eigene Dorf mit dem demokratisch gewählten Bürgermeister aber sei Teil einer französischen Identität, für die sie kämpfe und deshalb dem Front National beigetreten sei, versicherte die Abgeordnete. Merkel fand sie prima. Sie hoffte, dass ihre Parteichefin Marine Le Pen als französische Präsidentin einmal ein ähnlich hohes Ansehen wie die deutsche Kanzlerin genießen könne.

In Nordfrankreich begegnete mir vor zwei Jahren Hugues Sion, der junge FN-Chef in der alten Arbeiterstadt Lens. Hugues brachte mir seine Heimatstadt Lens sehr nah. Während meines Besuches herrschte Regionalwahlkampf, und er zog über den Wochenmarkt von Lens, wo er mit den Leuten hinter jedem Stand geduldig über ihre Probleme sprach. Dabei prangerte er die »hundertjährige Herrschaft von Kommunisten und Sozialisten über seine Stadt« an und kritisierte, wie aus den alten Arbeiterparteien »eine Mafia« geworden wäre, die ohne Opposition mache, was sie wolle. Hugues erklärte mir, er sei nicht aus ideologischer Überzeugung zum Front National gegangen, sondern weil er seine Region vor dem völligen Absturz retten wollte. Weil anderswo ein politisches Engagement aussichtslos schien. Dann verführte ihn der Erfolg, in Lens zu bleiben. Mit seiner ersten Kandidatur bei den Gemeindewahlen 2014 zog er in den Stadtrat, bei den Departementwahlen ein Jahr später lag er mit dem Front National in seinem Wahlkreis bereits bei 48 Prozent der Stimmen. Weitere Erfolge schienen programmiert.

Hugues führte mich zum deutsch-französischen Soldatenfriedhof in das Dorf nahe Lens, wo seine Eltern lebten. Zwischen den Gräbern, auf denen auch deutsche Namen standen, erzählte er, habe er Fußball gespielt. Für ihn seien von klein auf die Deutschen wie die Franzosen Opfer der Nazis gewesen, sagte er. Seine Eltern und später die Schule hätten ihm das so beigebracht.

Hugues hatte viel Zeit, sich der Politik zu widmen. Er war Erbe einer gut laufenden Bar in der Metropole

Lille, in der das gebildete Großstadtpublikum verkehrte. Doch er kümmerte sich nun um die einfache Arbeiterschaft der ehemaligen Bergarbeiterstadt Lens, die den Front National wählte. Er zeigte mir die Baustellen für neue Sozialwohnungen in Lens, auf denen Portugiesen und Polen arbeiteten, während sich unter den Anrainern schon bestehender Sozialwohnungen französische Bauarbeiter befanden, die arbeitslos waren. »Das kann man den Leuten weder erklären noch zumuten«, sagte Hugues.

Tatsächlich schilderte Emmanuel Macron im späteren Präsidentschaftswahlkampf ganz ähnliche Verhältnisse in seiner Geburtsstadt Amiens unweit von Lens und forderte deshalb, wie der Front National, eine Änderung der europäischen Entsenderichtlinie für Arbeitnehmer aus der EU in ein anderes EU-Land. Beide wollten damit verhindern, dass Polen und Portugiesen zu geringeren Löhnen in Frankreich arbeiten und französischen Arbeitern die Arbeit wegnehmen. In Deutschland aber ist die EU-Richtlinie in der Regel kein Thema, weil bei Quasi-Vollbeschäftigung deutsche Arbeitnehmer selten mit Süd- oder Osteuropäern direkt konkurrieren und deutsche Firmen gerne das billige Arbeitskräfteangebot aus anderen Ländern der EU ausnutzen. Es gehört zu den Themen, die Mut im deutsch-französischen Verhältnis fordern. Mut, den der in diesem Jahr gewählte Präsident Macron aufbringen könnte. Auch unter konservativen französischen Politikern ist man sich der Problematik bewusst. Jean-François Copé, Bürgermeister der malerischen Pariser Vorstadt Meaux, ehemaliger Minister und gescheiterter Kandidat im Vorwahlkampf der Konservativen im Winter 2016, appellierte daran, das heikle Thema endlich anzupacken. »Das ist für die Wettbewerbsfähigkeit unserer Unternehmen, ganz besonders im Baugewerbe, extrem wichtig«, sagte Copé im persönlichen Gespräch.

Hugues aber übte seine Kritik an der EU-Entsenderichtlinie wie Macron, nämlich ohne jegliche Kritik an der deutschen Position. Dabei wäre sie in der Sache durchaus angebracht. Ein Beispiel aus der Bretagne wird das gleich noch zeigen.

Festzuhalten aber ist an dieser Stelle, wie großzügig und respektvoll die Franzosen gegenüber Deutschland sind. Auch dort, wo man schärfste Kritik an Deutschland erwartet, nämlich in den nationalistischen Reihen des Front National, überwiegt die Anerkennung deutscher Leistung die Kritik an Deutschland, ist die Bewunderung stärker als die Ablehnung Deutschlands.

Das ist sicher besser so, aber damit wird auch klar: Wenn 70 Prozent der Franzosen bei einer Umfrage die Kanzlerin gutheißen, dann bedeutet das nicht viel. Dann kann sich hinter Lob und Preis für die deutsche Regierungschefin auf der französischen Seite ein nationalistisches Weltbild verstecken, das den Beziehungen beider Länder auf Dauer sicher keinen guten Boden bereitet.

Wie das Deutschland-Bild in Frankreich kippen kann, dafür lieferte der französische Präsidentschaftswahlkampf im Frühjahr 2017 eine anschauliche Demonstration. Zunächst war alles ruhig. In den Vorwahlkämpfen der konservativen Partei *Die Republikaner* und der Sozialistischen Partei tauchte Deutschland praktisch nicht auf. Auch als Großveranstaltungen aller Kandidaten im Januar die heiße Phase des Wahlkampfs einläuteten, fand das Nachbarland in den meisten Reden keine Erwähnung. Doch je mehr der Wahlkampf zum Ende hin anzog, desto häufiger packten die Kandidaten das Thema an. Allen voran FN-Chefin Marine Le Pen. Binnen weniger Wochen entwickelte sie »ein Vokabular, das 60 Jahre Frieden in die Geschichtsarchive verdammt hat«, fiel sogar dem Pariser Klatschmagazin *Paris Match* auf.

Bei zwei Wahlkampfauftritten in der Provinz, in Clairvaux-les-Lacs im Februar und in Mirande im März 2017, griff Le Pen die Haltung der übrigen Kandidaten gegenüber Deutschland scharf an: »Das Einzige, was wir machen können, ist, uns Frau Merkel zu unterwerfen und ihren Befehlen auf Knien zu gehorchen. Genau so denken die anderen Präsidentschaftskandidaten. Was haben sie als Erstes getan? Sie haben Frau Merkel besucht. ›Frau Merkel, darf ich das machen? Frau Merkel, darf ich so weit gehen oder nur so weit?‹ Sie haben sich wie die Regisseure der eigenen Unterwerfung benommen«, sagte Le Pen. Fünfzigmal erwähnte sie die Bundeskanzlerin auf diese oder ähnlich negative Art und Weise im Wahlkampf. Ihr Konkurrent im zweiten Wahlgang der Präsidentschaftswahlen, Emmanuel Macron, nannte Merkels Namen im Wahlkampf nur viermal.

Le Pens Deutschland-Kritik gipfelte schließlich in einer geschickten, weil kaum zu vergessenden Rhetorik: »Auf jeden Fall wird Frankreich von einer Frau regiert werden: Entweder werde ich es sein oder Frau Merkel.

Das ist sie, die Realität!«, sagte Le Pen beim abschließenden Fernsehduell mit Macron.

Auffallend war: Le Pen sagte dabei nie etwas explizit Schlechtes über Merkel – mit einer Ausnahme: Beim Thema Flüchtlinge war das manchmal anders. Stattdessen kritisierte sie immer die französische Haltung gegenüber Deutschland. Ihr Schlüsselwort dafür: Unterwerfung! Nicht zufällig der Titel des Erfolgsromans von Michel Houellebecq, auch wenn der sich auf das Verhältnis Frankreichs zum Islam bezog. Doch Le Pen wollte im Wahlkampf die Unterwerfung Frankreichs gleich an zwei Fronten vorhersagen: gegenüber Deutschland und gegenüber dem Islam.

Der Vorwurf war nicht aus der Luft gegriffen. Le Pen hatte ihren Wählern zugehört. Und sie konnte von dem feinen Gespür der Franzosen für die Machtverhältnisse in Europa ausgehen. Le Pens Absicht war es also, im Wahlkampf das latente Unterlegenheitsgefühl der Franzosen gegenüber Deutschland zu nutzen, um es zum Antrieb für einen neuen französischen Nationalismus zu machen. Die Rechnung ging nicht auf. Gerade in der Europa-Debatte schlug ihr Wahlkampf fehl. Die Franzosen lehnten insbesondere den von Le Pen verfochtenen Austritt aus Euro und EU mit großer Mehrheit ab. Andererseits aber war Le Pen mit ihrer Rhetorik weit gekommen, bis in den zweiten Wahlgang und das große Fernsehduell. Ihre Deutschland-Kritik war dabei so neu, so tabubrechend nach »60 Jahren Frieden«, dass niemand wissen konnte, was davon trotz der anschließenden klaren Wahlniederlage Le Pens hängenbleiben würde.

Musste man sich wundern, als nur zwei Monate später, nach Macrons erster Regierungserklärung als Präsident, der Führer der Linken im Parlament rief: »Wir haben nicht Frau Merkel gewählt!«?

Jean-Luc Mélenchon, der bei der Präsidentschaftswahl mit 19,58 Prozent der Stimmen den vierten Platz belegte, erhielt dafür sogar Applaus von den Bänken der Konservativen. Und ähnlich wie Marine Le Pen hatte der Führer des »unbeugsamen Frankreichs« (*La France Insoumise*, der Name seiner linksextremen Partei) im Wahlkampf Stimmung gegen Deutschland gemacht. Gleichwohl verzichtete er auf die Metapher der Unterwerfung. Seine Kritik zielte weniger auf einen neuen, völkischen Nationalismus als vielmehr auf die deutsche Austeritätspolitik ab, also einer restriktiven Sparpolitik, die Frankreich nachhaltig Schaden zufüge.

»Die europäischen Verträge setzen in Wirklichkeit die Strategie der deutschen CDU/CSU-Regierung in Szene, die eine Katastrophe für Europa sind. Sie verdammen uns zur Rezession«, beschwerte sich Mélenchon in einem Interview im Januar 2017. Und monierte zugleich, dass niemand den Zeigefinger gegenüber Deutschland und seinen Überschüssen erhebe. Drei Monate später bei einer Konferenz des European Council on Foreign Relations sagte er: Es sei ja legitim, dass Merkel mit ihrer Politik der alternden Bevölkerung Deutschlands Rechnung trage. Doch in Frankreich sei die Situation nun mal genau entgegengesetzt. »Ein Franzose müsste einem Deutschen endlich mal sagen: ›So kann es nicht weitergehen. Wir sind dabei zu sterben, aber wir wollen nicht sterben.‹ Das soziale Dumping macht unsere Wirtschaft kaputt«, sagte Mélenchon. Eine Argumentation, die ihn durchaus in die Nähe von Le Pen rückte und die sich auch öfter der deutschen Demografie als Erklärungsmodell für alles bediente.

Siegessicher gab sich Mélenchon eine Woche vor dem ersten Wahlgang und richtete sich noch einmal an Berlin: »Ich würde der deutschen Regierung die Überraschung ihres Lebens bescheren: Sie würde einen Franzosen sehen, der Nein sagt. Frau Merkel ist rational, die französischen Präsidenten sind es nicht.« Da war es wieder, auch beim Linkspopulisten Mélenchon, der bei seinen öffentlichen Auftritten gerne mal rhetorische Anleihen in Lateinamerika nahm: das latente Unterlegenheitsgefühl seiner Landsleute gegenüber Deutschland. »Wir sind die zweitstärkste Macht in Europa, ohne uns gäbe es überhaupt kein Europa«, fuhr Mélenchon fort. »Ich glaube an die Stärke Frankreichs.«

Die Versuchung, den französischen Präsidenten als Vasall der deutschen Kanzlerin darzustellen, wird also bleiben. Vielleicht wird sie mit einem jungen Macron, der schon bald im Schlepptau einer erfahreneren Kanzlerin erscheinen könnte, sogar zunehmen. Zumal es dafür durchaus sehr konkrete Anlässe geben kann. Macron bemühte sich schon in den ersten Wochen seiner Amtszeit sichtlich, als privilegierter Gesprächspartner von US-Präsident Donald Trump und dem russischen Präsidenten Wladimir Putin zu erscheinen. Gerade weil dabei inhaltlich nicht viel geschah, konnte in Berlin die Verlockung groß erscheinen, sich über die ersten Schritte Macrons auf der internationalen Bühne lustig zu machen. Doch es war Vorsicht geboten.

Nicht immer wurde ich als deutscher Journalist in Frankreich mit so offenen Armen empfangen wie von vielen FN-Anhängern. In der Bretagne, obwohl die in Frankreich als besonders deutschfreundlich gilt, hieß es dagegen auch schon mal: »Deutsche raus!«

Paul Nedelec war der Mann, der mich so begrüßte. Er war damals 56 Jahre alt, trug Jeans, Lederjacke und einen bunten Schal. Nedelec befand sich in einer außergewöhnlichen Lage. Er stand im Herbst 2013 in einer Runde von Arbeitern, die sich bei Wind und Regen vor dem Einfahrtstor eines großen Schlachthofs im äußersten Westen der Bretagne versammelt hatte.

Zwei Wochen zuvor war der Schweineschlachthof geschlossen worden, seine Betreiber hatten die Produktion in eine andere Fabrik verlagert und in dem Dorf Lampaul 889 Beschäftigte entlassen. Alle, die vor dem Tor standen, hatte es getroffen. Auch Paul Nedelec. Er hatte im Werk den Schinken zerlegt. Jetzt blockierte er mit seinen Kollegen den Betriebseingang, um die Auslieferung des noch im Schlachthof befindlichen Fleisches zu verhindern. So wollten sich die Arbeiter eine höhere Abfindung erkämpfen. Bisher hatte man ihnen zweihundert Euro pro Jahr der Betriebszugehörigkeit versprochen – bis zum 25. Jahr der Zugehörigkeit. Machte für Nedelec ganze fünftausend Euro Abfindung nach 37 Jahren im Betrieb. Er hatte also allen Grund, wütend zu sein. Aber warum forderte er »Deutsche raus!«?

Nedelec erklärte damals seinen Kollegen: »Ich habe bei mir zu Hause einen Stein der Berliner Mauer. Der Fall der Mauer war ein historisches Ereignis. Ich habe mich damals mit den Deutschen gefreut. Aber heute würde ich mit dem Stein eine neue Mauer bauen, zwischen Deutschland und Frankreich. Oder der dritte Weltkrieg findet bald zwischen Deutschen und Franzosen statt.«

Ich war sprachlos. Die Runde schwieg. Keiner wagte es, mich anzuschauen. Aber auch an Widerspruch dachte niemand. Die Leute glaubten tatsächlich, dass Nedelec irgendwie Recht hätte.

Das war neu. So schlecht hatten französische Arbeiter bisher nicht über Deutschland geredet. Schon gar nicht in der Bretagne, dem vom Zweiten Weltkrieg weitgehend verschonten Urlaubsziel so vieler Deutscher. Die Bretonen sahen den Nachbarn am Rhein als Konkurrenten, aber nicht als Gegner. Sie zollten den Deutschen Respekt für ihre Tüchtigkeit. Wenn es zum Beispiel Renault und Peugeot in der bretonischen Hauptstadt Rennes schlechter erging als Volkswagen, dann war das für die Bretonen ein französisches Problem, aber kein deutsches. Kein Grund, den Nachbarn schlechtzumachen. Das galt auch für die französischen Gewerkschaftsführer in Paris. Sie schauten in der Regel neidvoll auf Deutschland. »Wir haben das Modell Deutschland mit 30 Jahren Verspätung entdeckt«, sagte damals Mohammed Oussedik, nationaler Industrie-Beauftrager der führenden französischen Gewerkschaft CGT in Paris, und meinte das Modell der deutschen Sozialpartnerschaft. In Lampaul in der Bretagne aber redeten die Arbeiter von etwas ganz anderem: von der »deutschen Sklaverei«, wie sie es nannten, der deutschen Niedriglohnkonkurrenz.

Im Zuge ihres Streiks vor dem Schlachthof hatten sie sich schlaugemacht. Auf einmal wussten sie mehr denn je über Deutschland. »Angela soll gefälligst mit dem Mindestlohn rausrücken, aber nicht mit sieben Euro pro Stunde. Sie muss sich dem französischen Mindestlohn [im Jahr 2013 lag er bei 9,40 Euro pro Stunde] anpassen«, sagte Patricia Diverres, die entlassene Vertriebsleiterin des Schlachthofes – als demonstrierte sie gerade nicht in der Bretagne, sondern vor dem Bundeskanzleramt in Berlin. Sie nahm damit direkten Bezug auf die deutsche Diskussion um den Mindestlohn, der bei uns damals noch nicht Gesetz war.

Ich verbrachte eine ganze Nacht mit Diverres am Lagerfeuer vor ihrem Fabriktor. Ganz Frankreich schaute zu. Sogar die 20-Uhr-Nachrichten im Fernsehen berichteten vom Streik der Schlachthofarbeiter in der Bretagne. Die Pariser Tageszeitung *Le Monde* widmete ihnen den Leitartikel und sprach von einem »schrecklichen Krieg der Armen«, die sich um »Niedriglöhne unter harten Arbeitsbedingungen« prügeln müssten.

Das sah die resolute Ex-Vertriebschefin Diverres allerdings anders. Sie war zufrieden mit ihrem Bruttolohn von elf Euro pro Stunde und schätzte ihre Arbeit. Sie war auch mit der Qualität der Wurst- und Fleischprodukte aus ihrer Fabrik einverstanden, obwohl diese als Massenware in die Supermärkte gingen. Ebenso glaubte Diverres an den Standort ihrer Fabrik: »Im Umkreis von dreißig Kilometern von Lampaul leben sechs Millionen

Schweine – mehr gibt es in ganz Frankreich nicht.« Woran aber lag es dann, dass ihr Betrieb Verluste einfuhr und schließen musste? Für Diverres gab es bei aller Wut auf die eigene Betriebsführung, die die Arbeiter in Lampaul zu lange über ihr Schicksal im Dunkeln gelassen hatte, nur einen klaren Verantwortlichen: Deutschland. »Eure Billiglöhne machen uns kaputt. Das ist Sozialdumping. Dagegen kommen wir nicht an«, sagte Diverres.

Gewerkschafter auf beiden Seiten des Rheins gaben den Schlachthofarbeitern in der Bretagne Recht. In Deutschland forderte die Gewerkschaft Nahrung-Genuss-Gaststätten (NGG) damals einen Mindestlohn von 8,50 Euro pro Stunde für die deutsche Fleischindustrie. Dabei machte die NGG die gleiche Rechnung auf wie die französische Gewerkschaft Force Ouvrière (FO), welche die Arbeiter in Lampaul vertrat: Nur fünf Euro Bruttolohn bezogen laut den Gewerkschaften die etwa 7000 in deutschen Schlachthöfen tätigen Arbeiter. Fast alle stammten aus Osteuropa. Auch die NGG sprach deshalb von Lohndumping. In Frankreich waren solche Löhne aufgrund des gesetzlichen Mindestlohnes verboten. Gemeinsam verwiesen NGG und FO auf den Branchenriesen Danish Crown, einen dänischen Fleischkonzern, der immer mehr Waren in Deutschland produzieren ließ. Weil das Unternehmen in Frankreich oder Dänemark doppelt bis dreimal so viel für seine Arbeiter bezahlen musste, sagten die Gewerkschaften: »Fünf Euro pro Stunde – das reicht vielleicht für Osteuropäer, die in Deutschland in Gruppen leben, auf Privatraum verzichten, vor Ort keine Krankenversicherung haben und sich auf Bezahlung wie in ihrem Herkunftsland einlassen. Aber wir in Frankreich nennen das Sklaverei«, sagte FO-Führer Marc Hebert, der in Lampaul die Streikenden vertrat. Dem stimmte auch Sebastian Cauwel, Kabinettsleiter des zuständigen Präfekten in der Bretagne, zu: »Hier arbeiten wir in den Schlachthöfen mit einem Mindestlohn unter französischem Recht – dagegen herrscht in deutschen Schlachthöfen Sklaverei.«

Deutschland – ein Sklavenland? Glaubte das wirklich jemand? »Bei Volkswagen liegen die Arbeitergehälter um rund dreißig Prozent höher als bei Renault«, bestätigte CGT-Vorstandsmitglied Oussedik in Paris. Und auch den Arbeitern in der Bretagne waren die allgemeinen Vorteile des deutschen Sozialsystems bekannt. »Wir bekommen erst nach über 50 Beitragsjahren eine volle Rente«, sagten sie anerkennend und wohl wissend, dass es diese in Deutschland bei entsprechendem Alter schon nach 45 Beitragsjahren gibt.

Doch zwei Jahre später tauchte der Sklaverei-Vorwurf erneut auf – natürlich in einer Rede von Marine Le Pen. »Sicherlich denkt Deutschland an seinen demografischen Wandel, sicher versucht es die Löhne noch weiter zu drücken und per Einwanderung Sklaven zu rekrutieren«, warf die FN-Chefin Deutschland in einer vielbeachteten Rede inmitten der Flüchtlingskrise im Herbst 2015 vor.

Sie konnte bei ihren Zuhörern auf eine pessimistische Grundstimmung bauen. Zwei Millionen Industriearbeitsplätze hat Frankreich in den letzten 30 Jahren verloren. Von zwanzig auf zehn Prozent sank seit den achtziger Jahren der Anteil der Industrie am Bruttoinlandsprodukt. All das war in Deutschland nicht passiert. Stattdessen jagte die deutsche Exportindustrie den französischen Unternehmen immer mehr Terrain ab. Die Schlachthöfe waren ein gutes Beispiel dafür. Denn gerade die französische Lebensmittelindustrie hatte noch bis vor Kurzem als international konkurrenzfähig gegolten. Schon im Herbst 2013 aber wussten sich Gewerkschaftler und Schlachthofarbeiter in der Bretagne zu erzählen, dass Deutschland nicht nur mehr Wurst, sondern auch mehr Käse in die Welt exportiert als Frankreich. Ausgerechnet Käse, deutscher Käse, von dem die meisten Franzosen oft nicht einmal wissen, dass es ihn gibt. Gegessen haben sie ihn jedenfalls bestimmt noch nie.

Das Beispiel aus der Bretagne zeigt vor allem eines: Nicht nur die Politik, auch die Wirtschaft bietet den Franzosen reichlich Gelegenheit, sauer auf Deutschland zu sein. Und doch hielten die bretonischen Schlachthofarbeiter ihre ablehnende Haltung gegenüber dem deutschen Besucher nicht lange durch. »Bist du nicht Angelas Ehemann? Wie läuft es mit ihr?«, schallte es später in der Nacht aus der Runde der entlassenen Arbeiter vor dem Fabriktor. Zuvor hatte der alte Nedelec den Bann gebrochen und gefragt: »Willst du ein Bier?«

Genau so aber erginge es heute der Kanzlerin, wenn sie im Herbst 2017 durch Frankreich reisen würde. Selbst diejenigen, die ihr zu Beginn ein »Merkel raus!« zurufen würden, wären am Ende froh, wenn sie bliebe. In keiner noch so benachteiligten Ecke der französischen Gesellschaft ist das Vertrauen der Franzosen in Deutschland verspielt. Aber es besteht die Gefahr, verspielt zu werden. Merkel selbst könnte es in den kommenden Jahren riskieren, wenn sie Macron, sollte er sich in ihren Augen doch nicht bewähren, so abblitzen ließe wie einst Hollande.

6. KAPITEL

Der Meister spricht zu seinen Schülern

Alain Finkielkraut analysiert die deutsche Gesinnungsethik der Linken

Es gab Zeiten, noch gar nicht so lange her, da schauten die allermeisten deutschen Denker, ob vom Starnberger See, aus den Frankfurter Redaktionsstuben, den Bonner Parteibüros oder aus der Berliner Alternativszene rechts und links von der Mauer, nach Paris auf. Dort gab es Verbündete und Gegner im Geiste, die ihnen halfen, den eigenen Blick auf die Welt zurechtzurücken. Die Rede ist von den Pariser Intellektuellen. In dem Roman *Die Mandarins von Paris* setzte ihnen Simone de Beauvoir schon in den fünfziger Jahren ein literarisches Denkmal. Sie verwandelte den Streit zwischen dem politischen Kämpfer Jean-Paul Sartre und dem individuellen Denker Albert Camus in wunderschöne Liebesgeschichten. Doch auch dem Leser jenseits des Rheins war klar: Die Kontroverse zwischen Sartre und Camus war ein Weltkonflikt. Jeder durchlebte ihn. Entweder man riskierte seine Ideale mit Sartre, dem lebenslangen Revolutionär. Oder man setzte sein Leben mit Camus aufs Spiel, dem bis zu seinem Selbstmord unzerstörbaren Individualisten. Kein politisch denkender Mensch im Westen kam um die Pariser Vorbilder herum.

Als ich in den achtziger Jahren als Zivildienstleistender nach Paris zog, war Sartre schon tot. Aber mit Simone de Beauvoir lebte das Ansehen der französischen Linken in Deutschland weiter. Mitterrand hatte sich gerade mit Kohl gegen Willy Brandt gestellt und damit der deutschen Linken, die in diesen Jahren mit viel Elan gegen den Doppelbeschluss der Nato opponierte, eine heftige Ohrfeige erteilt. Sie schmerzte auch mich sehr. Doch das bedeutete nicht, dass man in der deutschen Friedensbewegung nicht nach Paris blickte. Frankreichs damals in den Medien tonangebende Denkschule bestand aus den »neuen Philosophen«. Ihre Vertreter, allen voran André Glucksmann und Bernard-Henri Lévy, gingen besonders hart mit den »deutschen Pazifisten« ins Gericht und erlangten schon deshalb in Deutschland Berühmtheit und Autorität. Als Korrespondent der friedensbewegten Berliner *tageszeitung* in Paris musste ich sie später besonders oft befragen.

Glucksmann hatte, vielleicht auch aufgrund seiner persönlichen Verfolgungsgeschichte als französischer Jude unter der deutschen Besatzung, ein besonderes Bedürfnis, den Deutschen ins Gewissen zu reden. Ich empfand das als völlig legitim und versuchte, seine Positionen so prominent und so getreu wie möglich zu vermitteln, auch wenn ich sie als Nachrüstungsgegner nicht unbedingt teilte. Glucksmann schätzte das. Mehrmals lud er mich in seine Etagenwohnung in der Rue du

Faubourg Poissonnière im neunten Pariser Arrondissement ein. Eine große Ehre. Auch wenn seine Ausführungen nicht selten wie Kriegsgeschrei klangen, für ihn war klar: Der Feind stand im Osten, in der Sowjetunion. Und wir deutschen Pazifisten verschlossen davor die Augen. »Der Pazifist ist gegenüber der Roten Armee Defätist, weil er sich aufgrund des eigenen Bildes von der eigenen Geschichte von vornherein geschlagen gibt«, schrieb Glucksmann in seiner 1984 erschienenen Streitschrift *Philosophie der Abschreckung*. Das passte wie die Faust aufs Auge des deutschen Zivildienstleistenden der Aktion Sühnezeichen. Dass ich für ein jüdisches Kinderheim in Paris arbeitete, fand Glucksmann wiederum gut.

Er und Lévy behielten in einer Sache Recht: Sie und ihre französischen Kollegen hatten viel früher als die meisten Deutschen nach Osteuropa geschaut, dort Kontakte geknüpft und die Oppositionsbewegungen gestützt. Als das im Zuge der immer stärkeren osteuropäischen Dissidentenbewegung auch für die Öffentlichkeit außerhalb Frankreichs erkennbar wurde, erreichte das Ansehen der Pariser Intellektuellen auch in deutschen Politikkreisen und Intellektuellenmilieus einen neuen Höhepunkt. Glucksmann begegneten die Leser nun mehr im *Spiegel* als in der *taz*. Auch stand er schon seit den siebziger Jahren in engem Austausch mit den deutschen Grünen Joschka Fischer und Daniel Cohn-Bendit. Das hatte bedeutende Folgen für die deutsche Außenpolitik. Auf Glucksmanns Einfluss führte später der amerikanische Schriftsteller und Zeithistoriker Paul Berman Fischers Engagement als deutscher Außenminister im

Kosovokrieg während der neunziger Jahre zurück. Fischer befürwortete damals den ersten Auslandseinsatz deutscher Truppen seit dem Zweiten Weltkrieg. Berman aber sah später den Kosovokrieg als »Krieg der 68er«, sowohl der deutschen wie der französischen. Dabei war klar, dass die französischen 68er hier den Deutschen die Abkehr vom Pazifismus gelehrt hatten und nicht etwa umgekehrt.

Ein Ausdruck dieser Form von französischer Kulturhegemonie in linksintellektuellen Kreisen war lange Zeit die von dem tschechischen Exilanten Antonin Liehm 1984 in Paris gegründete Kulturzeitschrift *Lettre international*, die bald auch in deutscher Sprache in Berlin erschien. Dies änderte nichts daran, dass französische oder frankophile Stimmen in der Zeitung lange den Ton angaben. Als ich aber *Lettre international* nach meiner Rückkehr aus Asien nach Paris im Jahr 2013 erneut abonnierte, war ich erstaunt: Es gab eine deutsche Ausgabe, eine rumänische, eine ungarische, eine spanische und eine italienische, aber keine französische mehr, obwohl die Zeitung ursprünglich aus Paris stammte. War das ein Signal? Hatten die Pariser Intellektuellen in der Zwischenzeit abgedankt? Hatte der Frankreich-Blues sie verstummen lassen?

Viele waren gestorben. Zum Beispiel Félix Guattari, der genial anarchistische Philosoph und Psychoanalytiker. Er hatte mich ab Mitte der achtziger Jahre zu seinem monatlichen Salon in seiner Wohnung am Odéon-Theater in Paris geladen. Mit den Treffen wollte er zur Gründung einer europaweiten ökologischen

Linken beitragen. Daniel Cohn-Bendit und sein Bruder Gabriel waren manchmal dabei. Auch dort gab es ideologische Debatten zwischen Fundis und Realos, wie bei den deutschen Grünen. Dabei entdeckte ich, wie wichtig Guattari für viele deutsche 68er gewesen war, als er 1972 sein gemeinsam mit Gilles Deleuze verfasstes Buch *Anti-Ödipus* veröffentlichte. Es war eine Einladung zum Querdenken über die Prägung des Menschen. Freud sah den Menschen als Ergebnis einer einmaligen Vater-Mutter-Konstellation, Ödipus war dafür sein Garant. Guattari und Deleuze aber hielten ganz andere Vorprägungen für relevant, etwa die des Menschen durch das Tier. Sie entwickelten neue Theorien der Identitätsbildung, die für sie nomadischer, zufälliger Natur war. Der *Anti-Ödipus* war damit gerade für viele Deutsche der 68er-Generation eine Erlösung aus dem strengen Korsett der Freud'schen Theorie, der zufolge man dem Einfluss der Eltern nie entkam. Denn gerade das war für sie nach der Weltkriegsgeschichte wichtig. Und Guattari war mit Deleuze der Erste, der ihnen dafür ein theoretisches Gedankengebäude lieferte. Guattari entwickelte daraus neue psychoanalytische Heilmethoden und zog mit seinen Patienten aufs Land. Auch deshalb war er noch in den achtziger Jahren für meine linksalternativen *taz*-Kollegen in Berlin eine Koryphäe. Als er dann so nett war, auch meine Besucher aus der Berliner Redaktion zu empfangen, stieg meine Achtung in der Redaktion. Ich bekam bald darauf eine Festanstellung. Insofern verdankte ich dem deutschen Respekt vor den Pariser Denkern auch meine erste Stelle als Journalist.

Mich selbst faszinierte damals Jean Baudrillard, der den Begriff der Postmoderne entscheidend prägte. Wie kein anderer entschlüsselte Baudrillard in den achtziger Jahren Macht und Einfluss der Bildschirme auf Alltagsleben und politisches Bewusstsein. Er beobachtete lange vor der Entstehung des Internets, wie der Mensch vor dem Bildschirm in eine virtuelle Welt eintaucht, die ihm den Weg zurück in die Wirklichkeit tendenziell unmöglich macht. Dieser kollektive Realitätsverlust aber untergräbt heute mehr denn je eine rationale, von Vernunft geprägte öffentliche Verständigung, wie sie Jürgen Habermas in seinem Werk als unerlässlich für eine funktionierende Demokratie ausweist.

Für mich bestand deshalb zwischen Baudrillard und Habermas kein grundsätzlicher Widerspruch. Das aber sahen viele anders. Baudrillard, für manche der philosophische Begründer des postmodernen Diskurses, wurde als Apologet der von ihm beschriebenen neuen virtuellen Welten verstanden. Zugegeben, das war auch nicht schwer. Denn oft schien er in seinen Büchern geradezu begeistert vom manipulativen Einfluss der vielen neuen Bildschirmmedien auf den Menschen. Dennoch war das nicht sein Grundanliegen, das darin bestand, den Realitäts-, Aufklärungs- und Bildungsverlust des Menschen unter postmodernen Verhältnissen zu entlarven.

Das war jedenfalls die Botschaft, die mir Baudrillard persönlich mit auf den Weg gab. Ich durfte ihn über zwei, drei Jahre in den achtziger Jahren regelmäßig alle ein oder zwei Monate um elf Uhr morgens in seinem neuen Appartement im sechsten Pariser Arrondissement besuchen. Man musste dort gut gefrühstückt erscheinen, denn es gab jedes Mal Cognac und vom Meister selbst gedrehte Zigaretten. Unsere Verabredung war, dass ich nichts von dem, was ich hörte, schreiben oder zitieren durfte, damit wir gemeinsam das Weltgeschehen völlig unvoreingenommen Revue passieren lassen konnten. Oft sprachen wir über Mitterrand, den er als einen schonungslos egoistischen Manipulator empfand. Er verzweifelte über den Niedergang der Kapitalismuskritik in Frankreich und zeigte deshalb Interesse an der von den Grünen geprägten Ökologiedebatte und ihren damals noch stark kapitalismuskritischen Akzenten. Jedenfalls war Baudrillard eher Fundi als Realo. Auch verachtete er die »neuen Philosophen«, die für ihn biedere, moralinsaure Ideologen geblieben waren. Guattari dagegen schätzte er für seine Unberechenbarkeit.

Doch auch Baudrillard war gestorben, als ich 2013 wieder nach Paris zog. Eine Ausgabe von *Lettre international* war dort seit 13 Jahren nicht mehr erschienen. Und tatsächlich hatten sich Einfluss und Bedeutung der Pariser Intellektuellen in den vergangenen 24 Jahren insbesondere aus deutscher Sicht radikal verändert. Sie gaben keine Richtung mehr vor, die deutschen politischen und geistigen Eliten schauten nicht mehr zu ihnen auf. Und doch hatte der Frankreich-Blues sie nicht mundtot gemacht.

Ich zog in Paris in den neunten Bezirk, in die unmittelbare Nachbarschaft zu Glucksmann. Die Bäckersfrau hier kannte ihn, die Buchhändlerin, ebenso der Kellner vom Eck-Café. Er war schon zu krank, um noch Gäste zu empfangen, und starb zwei Jahre später. Sein letztes Buch hatte er über Voltaire geschrieben.

Glucksmann, bis kurz vor seinem Tod, und Lévy gaben immer noch ab und zu ein Interview dem *Spiegel*. Doch es waren nun eher Rückblicke in die Vergangenheit. Außerdem waren beide mit ihrem politischen Engagement grandios gescheitert: Glucksmann hatte 2007 lautstark den Wahlkampf von Nicolas Sarkozy unterstützt, nur um sich bald nach dessen Wahl enttäuscht von ihm abzuwenden. Lévy hatte Sarkozy 2011 zu einer militärischen Intervention in Libyen überredet, die im Zuge der Flüchtlingskrise und der Ausbreitung des radikalen Islams bis heute verheerende Auswirkungen zeigt. Es war, als hätten beide ihren alten Antipazifismus, der mit Blick auf das mächtige Sowjetreich noch vertretbar war, nun an jedem beliebigen Diktator, wie schwach er auch sein mochte, erprobt. Immerhin: Von Glucksmann las ich im Herbst 2013 noch einmal eine glühende Verteidigungsrede für die Roma in Frankreich, die zu dieser Zeit vom französischen Innenminister als nicht integrationsfähig bezeichnet und damit zur Abschiebung freigegeben worden waren. Glucksmann zögerte nicht, die Geschichte der heute noch diskriminierten Roma mit der eigenen, nämlich der Geschichte der verfolgten Juden im Zweiten Weltkrieg, zu vergleichen. Bis heute gibt es nichts Besseres zur Verteidigung der Roma. Ein Pamphlet, das hinreißend jeden von uns, jeden Europäer in die Verantwortung nahm. Ich wollte es übersetzen und ihm in Deutschland zur Veröffentlichung verhelfen. Doch der Name Glucksmann schien für die meisten längst gebrandmarkt. Es fand sich keine Redaktion, die bereit war, es zu drucken.

Dennoch gibt es einen großen Überlebenden unter den »neuen Philosophen«: nämlich Alain Finkielkraut. In Frankreich muss man ihn heute nicht mehr vorstellen. Egal wo, selbst die Leute am Bartresen kennen ihren »Finkie«. Gefühlt jeden Monat bestreitet eines der großen Pariser Nachrichtenmagazine eine Titelgeschichte mit ihm. Inzwischen ist er sogar Mitglied der Französischen Akademie, einer Art Tempel französischen Denkens, der seit fast 400 Jahren existiert. Und als im Jahr 2016 die Vorwahlsaison begann, durfte kein anderer als Finkielkraut im Staatssender *France 2* vor einem Millionenpublikum zu bester Sendezeit volle zweieinhalb Stunden mit dem nie müden Daniel Cohn-Bendit über die großen politischen Fragen streiten. Die Sendung war ein Beweis, dass auch im Zeitalter der sozialen Medien manche Stimmen nicht untergehen; dass ein Finkielkraut, heute der Pariser Vordenker schlechthin, so leicht nicht unterzukriegen ist.

Für die *Zeit* besprach ich 2013 seinen Bestseller *Die unglückliche Identität*. Er lud mich zu sich nach Hause ein, in das sechste Pariser Arrondissement, wo auch Baudrillard gelebt hatte. Er kochte Kaffee für mich, obwohl er selbst keinen trank, stellte Zucker auf den Couchtisch und fing gleich an zu reden. Es wirkte alles so vertraut, als hätte man wieder bei einem der französischen Intellektuellen der achtziger Jahre auf dem Sofa Platz genommen.

Doch vor mir saß nun nicht mehr ein lustiger Vogel wie Guattari, der alle Annahmen von Freud auf den

Kopf gestellt hatte. Oder ein frei assoziierender Bildschirmsüchtiger wie Baudrillard, der die Postmoderne herbeigeschrieben hatte. Vor mir saß ein superernster Beschwörer der französischen Kultur, der ihrem Untergang entgegensah. Jemand, dem man als Deutscher leicht selbst eine »unglückliche Identität« unterstellen konnte. Doch mit jeder unserer Begegnungen seit jenem ersten Treffen kam mir Finkielkraut näher.

Das war kein einfacher Weg. In seinem erwähnten Buch schrieb Finkielkraut: »Im Jahr 1974, als ich im technischen Gymnasium von Beauvais unterrichtete, fielen zwei widersprüchliche Entscheidungen: Die Grenzen [zu den ehemaligen Kolonien] wurden geschlossen, und das Recht auf Familienzusammenführung für die ausländischen Arbeiter wurde geschaffen. So kam es, dass in einem Europa, das nicht die Mittel besitzt, seine Migrationsflüsse zu beherrschen, und das damit – unter dem simultanen Einfluss von Familienzusammenführung, der ständig steigenden Zahl von Asylbewerbern und der fortwährenden Ankunft illegaler Migranten – zu einem Einwanderungskontinent wider Willen wird, auch Frankreich sich verändert hat, sein Leben sich verändert hat, die Veränderung selbst sich verändert hat. Sie geschah auf unseren Willen hin, jetzt nehmen wir sie hin. Sie war von uns erwünscht, heute ertragen wir sie schicksalhaft. Was uns dabei widerfährt, was uns aufgrund dieser unwiderstehlichen Neubesiedlung und Neuzusammensetzung der Welt mit voller Wucht entgegenschlägt, ist die Krise der Integration.« Das war nicht nur schwer zu übersetzen, das war auch schwer verdaulich. Viele Worte, um nur eines auszudrücken: Das Boot ist voll. Wie langweilig.

Aber Finkielkraut war und ist kein Langweiler. Vielmehr bewegte er sich auf neuem, politisch durchaus gefährlichem Terrain. »Dies ist weniger ein Buch als eine politische Operation«, urteilte im Oktober 2013 der Leiter des Literatur-Magazins von *Le Monde*, Jean Birnbaum, über *Die unglückliche Identität*. Und weiter: »Ob Finkielkraut sich selbst dessen bewusst ist oder nicht – sein Buch ist Ausdruck eines politischen Umbruchs. So wie Antonio Gramsci früher als Symbol einer scheinbar undogmatischen KP in Italien herhalten musste, so ist Alain Finkielkraut heute der Vorzeige-Intellektuelle eines scheinbar akzeptabel gewordenen Front National in Frankreich.«

Das waren harte Vorwürfe aus der Redaktion von *Le Monde*. Ich aber war endlich angekommen im neuen Wettstreit der Pariser Intellektuellen des 21. Jahrhunderts. Inspirierend wie einst ist dieser Streit jedoch nicht und damit eine entscheidende Ursache des Frankreich-Blues. »Wenn es Jean Baudrillard nicht gegeben hätte, dann wäre die Welt um ein Epochengefühl ärmer gewesen«, schrieb mein *Zeit*-Kollege Thomas Assheuer in seinem Nachruf über den alten Nachbarn Finkielkrauts. So würde man über Finkielkraut selbst nie schreiben können. Aber dafür ist er nicht weniger wichtig und aufschlussreich, gerade auch für die Deutschen.

Finkielkraut verteidigte sich in unserem ersten Gespräch vehement gegen die Vorwürfe Birnbaums: »Die Kritiker des Front National stehen intellektuell auf schwachen Beinen«, sagte er unter höchster Anspannung, auf der Kante seines Sofas wippend. »Sie sagen: ›Der Front National gehört nicht zur Republik.‹ Zugleich aber kritisieren sie das Burka-Verbot als antiislamisch. Das wiederum erlaubt Marine Le Pen zu sagen: ›Ich bin es, die die Republik verteidigt.‹ Das ist schrecklich.«

Finkielkraut war überzeugt davon, dass seine Kritiker immer noch in einem antiquierten Antirassismus und Antifaschismus gefangen wären, einer überkommenen Denkweise, die ihnen den Blick auf die französische Wirklichkeit versperrt. »Sie wollen nicht wahrhaben, dass Adolf Hitler in den Trümmern von Berlin untergegangen ist.« Auf der anderen Seite sei der Front National »die einzige Partei, die die Franzosen mit ihrer verunsicherten Identität ernst nehme«. War das schon viel zu viel des Lobes für die Le-Pen-Partei? Oder war das nur die Anerkennung der Wirklichkeit, die die Umfragen in Frankreich bereits widerspiegelten?

Finkielkrauts Aussage, datiert vom Oktober 2013, erfolgte also 15 Monate vor dem ersten Pariser Attentat auf die Redaktion von *Charlie Hebdo* und über zwei Jahre vor den Pariser Terroranschlägen des November 2015, die 130 Menschen das Leben kosteten. Er nahm also die auf die Attentate folgende Debatte vorweg.

Aus deutscher Sicht aber wirkte Finkielkraut wie ein unbelehrbarer, sturer Konservativer, der sich mit Begriffen wie »Neubesiedlung und Neuzusammensetzung der Welt« im Zusammenhang mit der Migrationsfrage auf das Vokabular der Rechtsextremisten einließ. Zumal man seinen Bestseller-Erfolg in der Buchsaison 2013/14 bei gleichzeitigem Aufwind der Le-Pen-Partei bei den Kommunalwahlen im Frühjahr 2014 als ein und dasselbe Phänomen deuten konnte: Frankreich schottet sich ab! Doch Finkielkraut bleibt ein europäischer Denker.

»Die sprunghafte Bevölkerungszunahme heute nennt man gern Bevölkerungsexplosion: Es sieht aus, als ob die historische Fatalität für die Bevölkerungsexplosion auch Gegenexplosionen, die Tötung ganzer Bevölkerungen, bereit hätte [sic]. Das nur, um anzudeuten, wie sehr die Kräfte, gegen die man angehen muss, solche des Zuges der Weltgeschichte sind«, schrieb schon 1966 Theodor W. Adorno in seinem berühmten Essay *Erziehung nach Auschwitz*. Nur weil heute vor allem Rechtsextremisten vor den Folgen des Bevölkerungsanstiegs warnen, ist das noch nicht falsch.

Vor allem Finkielkrauts historische Grundannahme hat etwas für uns Deutsche durchaus Positives: Dass Hitler in den Trümmern von Berlin untergegangen sei und niemand sich vor seiner Wiederkehr fürchten muss, betonte er immer wieder. Für jemanden, dessen Vater auf die unwahrscheinlichste Art und Weise Auschwitz überlebt hatte und dessen Mutter erleben musste, wie fast ihre gesamte Familie in den Konzentrationslagern der Deutschen ausgelöscht wurde, war und ist das ein geistiger Kraftakt. Damit zählte der Jung-68er Finkielkraut – er war zur Zeit des Generalstreiks und der Studentendemonstrationen im Mai 1968 erst 18 Jahre alt – zu den allerersten Vertretern einer Pariser Intellektuellengeneration, dessen Deutschlandbild mehr von de Gaulle und Adenauer, mehr von der Gegenwart als von der Geschichte und dem deutschen Faschismus geprägt war.

In seinem vielleicht wichtigsten Werk, *Die Niederlage des Denkens*, erschienen 1986, wendete er sich für immer von Auschwitz ab, um »der Barbarei der modernen Welt« seinen Krieg zu erklären. Er folgte damals zumindest teilweise der postmodernen Kritik Baudrillards, diagnostizierte, dass Medien und Kulturindustrie nur noch dem Lustprinzip folgten und vom Weg der Aufklärung abdrifteten. In Deutschland war zu dieser Zeit das Werk des US-amerikanischen Harvard-Professors Neil Postman unter dem programmatischen Titel *Wir amüsieren uns zu Tode* ein Bestseller. Die Thesen Finkielkrauts und Postmans ähnelten sich. Mit anderen Worten: Finkielkraut war damals dem deutschen Zeitempfinden nicht fern. Zehn Jahre später stand er mit Glucksmann, Habermas, Fischer und vielen anderen auf Seiten der deutschen Kosovo-Interventionisten. Darüber hinaus aber hielt er an seiner düsteren Gegenwartsprognose fest, nämlich »der Niederlage des Denkens«. Noch im Jahr 2014 sprach er vom »Unsegen des Internets«, das für ihn »eine Welt ohne Gesetz und Glauben« darstellte. Dieses Hadern mit dem Zeitgeist aber kommt vielen Deutschen so vor, als würden selbst die klügsten Franzosen die Welt von heute nicht mehr begreifen wollen.

Mir selbst erging es so, als ich mit Finkielkraut im Sommer 2015 die geplante französische Schulreform diskutierte. Sie hatte auch in Deutschland Wellen geschlagen, weil der Deutschunterricht in der französischen Mittelstufe stark reduziert werden sollte. Die Reform wurde dann im Sommer 2017 von Emmanuel Macron wieder rückgängig gemacht. Doch der Deutschunterricht war für Finkielkraut gar nicht das entscheidende Thema. Was ihm zutiefst missfiel, waren Maßnahmen, die den Lehrern mehr eigene Gestaltungsfreiheit im Unterricht erlaubten und den Lehrplan insgesamt flexibler gestalteten. Maßnahmen, die das leistungsbezogene und auf Frontalunterricht beruhende französische Schulsystem reformieren sollten und auch von den PISA-Studien heute Bestätigung erhalten.

Da knallten wir so richtig aneinander: »Was Sie sagen ist falsch, falsch, falsch!«, belehrte mich Finkielkraut und mahnte: »Bitte etwas mehr historische Bescheidenheit! Seit den Tagen Platons bedeutet *unterrichten*, dass der Meister zu seinen Schülern spricht. Die ganze westliche Zivilisation basiert auf diesem Lehrer-Schüler-Verhältnis. Heute erzählt man uns, dass Vorlesungen abgeschafft gehören und Lehrer lernen müssen, anders zu unterrichten. Aber das entintellektualisiert die Lehrer. Welche Unvorsichtigkeit! Welche Unverschämtheit!« Ach, dachte ich hinterher, wie schön hatte er gesprochen! Es lohnte sich doch immer, diesem Mann zuzuhören.

Doch genau das tut die Elite der Berliner Republik heute nicht mehr. Sie hat genug von den französischen Philosophen. Sie hat zwar keinen Ersatz für sie, aber glaubt, ohne sie gut auszukommen. Sie hat den Frankreich-Blues.

»Bitte etwas mehr historische Bescheidenheit!« Diesen Appell Finkielkrauts zu überhören hieße für

Deutschland, ganz schnell Gefahr zu laufen, ins europäische Abseits zu geraten. Denn gerade die Generation, der ich in Deutschland angehöre, macht es sich derzeit etwas bequem an der Spitze Europas. Wir glauben, alles etwas besser zu machen als die anderen – nicht zuletzt als die Franzosen. Wir kaufen mehr im Bioladen als sie. Wir schalten unsere Atomkraftwerke ab. Wir stellen auf erneuerbare Energien um – im Gegensatz zu den Franzosen. Wir geben nicht so viel Geld fürs Militär aus wie die Franzosen. Das alles – mehr Öko, weniger Atom und Militär – hatten wir schon mit den sozialen Bewegungen der achtziger Jahre eingeklagt, deren Stimme nicht zuletzt die *taz* war. Sollte ich also nicht stolz und zufrieden mit dieser Entwicklung sein?

Wir haben außerdem unser Schulsystem reformiert und aus PISA einschlägige Konsequenzen gezogen. Schon Grundschulkinder lernen in Deutschland jetzt Gruppenarbeit. Sollen die Franzosen doch weiter ihre Schuljahre schweigend vor ihrem Lehrer im Deutschunterricht verbringen, ohne hinterher mehr als ein paar Sätze Deutsch sprechen zu können! Sollen sie jahrelang ihre Revolutionsgeschichte pauken! Beeindrucken können sie uns mit ihrer großen Geschichte längst nicht mehr.

So oder so ähnlich denkt die deutsche Post-68er-Generation, die in Berlin heute die Fäden zieht. Sie feiert die »kulturelle Hegemonie der Grünen«, wie es Giovanni di Lorenzo formulierte, und erlebt Frankreich als zurückgebliebenes Land. Doch wie schrieb mein Chefredakteur: »Am Ende ist keine unangefochtene Hegemonie gut fürs Land, auch keine grüne.« Und schon gar nicht eine deutsch-grüne für Europa.

Niemand anders als Alain Finkielkraut aber spürte das als einer der Ersten. Es war im Herbst 2015, Deutschland begeisterte sich inmitten der Flüchtlingskrise für seine neue Willkommenskultur. Frankreich litt unter dem Schock der Attentate vom 13. November in Paris. Wieder kochte Finkielkraut im sechsten Pariser Arrondissement mit Blick auf den Jardin du Luxembourg einen Kaffee für mich, stellte Zucker auf den Tisch – doch nun sprach er zum ersten Mal direkt über Deutschland, wandte sich über meine Zeitung direkt an die Deutschen.

»Ich verstehe das alles gut. Als die ersten Flüchtlingswellen anrollten, hielten die Deutschen den Moment für gekommen, ihren historischen Makel zu bereinigen. Sie konnten sich endlich freikaufen. Es war eine große Erlösung. Hitler-Deutschland beschwor die eigene Kraft. Merkel-Deutschland stellte sich auf die Seite der Schwachen. Hitler-Deutschland verkörperte den Hass auf den Anderen. Merkel-Deutschland sagte: Hier bin ich und kümmere mich um den Anderen in Not. Dazu aber gehörte eine große moralische Trunkenheit. Plötzlich verkörperte Deutschland das Gute. Frau Merkel wurde für den Friedensnobelpreis vorgeschlagen. Nun erholt sich Deutschland langsam von einem schrecklichen Kater. Deshalb hat Bundespräsident Joachim Gauck neulich an ein paar Spielregeln des heutigen Deutschland erinnert. Erstens: Respekt vor den Homosexuellen. Zweitens: Gleichberechtigung der Frauen. Drittens: Ablehnung aller Formen des Antisemitismus. Viertens: Anerkennung des Staates Israel. Warum diese Gedächtnisstütze von Gauck? Weil nämlich ein nicht zu übersehender Teil der Flüchtlinge mit diesen Regeln nichts am Hut hat. Indem es den Antisemitismus von gestern sühnen wollte, hat das Deutschland der Willkommenskultur womöglich den Antisemiten von morgen Spalier gestanden.«

Es war zu spüren, wie intensiv sich Finkielkraut mit der deutschen Politik beschäftigt hatte. Er debattierte mit der gleichen Lust und Verve über Deutschland, wie er es bei französischen Themen in Frankreich gewohnt war.

Unerbittlich kritisierte er dabei die deutsche Kanzlerin: »Die Flüchtlingskohorten ziehen heute noch über den Balkan in ihr neues El Dorado Deutschland. Merkel selbst erschrickt nun davor und bittet flehentlich Erdoğan, den neuen türkischen Sultan, ihr zu helfen, um die Flüchtlinge zurückzuhalten. Dieser Kniefall Europas in Gestalt der Politik Merkels vor einem Mann, der kein gemäßigter Muslim ist und eine sehr ambivalente Haltung gegenüber dem Islamischen Staat vertritt, weil sein eigentlicher Feind die Kurden sind: Das ist ein sehr erniedrigendes Spektakel. Ich bin überwältigt von der Inkonsequenz der Kanzlerin und ich habe Angst, dass gerade diese Einstellung, diese Leichtigkeit, ja ihr Vergessen einer verantwortungsbewussten Moral im Sinne von Max Weber zu Gunsten einer Gesinnungsethik in Deutschland am Ende nur den Populisten von Pegida nutzt.« Wo in Deutschland wurde zu diesem Zeitpunkt im November 2015 Kritik an unserer Kanzlerin so wortmächtig und zugleich differenziert vorgetragen?

Ich stimmte Finkielkraut nicht zu, aber ich wusste in dem Moment, als er sprach, wieder, wozu Deutschland Frankreich braucht. Weil nämlich uns Deutschen die radikal freiheitliche und machtkritische Tradition der Pariser Intellektuellen im demokratischen Alltag noch immer fehlt.

»Wie ich die Freiheit liebe, liebe ich Frankreich«, schrieb Heinrich Heine, der Erste, der uns die Pariser Intellektuellen in seinen berühmten Frankreich-Berichten für die *Augsburger Allgemeine* wirklich näherbrachte. Damals, als Heine dies schrieb, zwischen Juli- und 48er-Revolution des 19. Jahrhunderts, waren es in der Regel Revolutionäre, die den Geist von 1789 am Leben hielten. Noch in den achtziger Jahren des 20. Jahrhunderts war dieser revolutionäre Geist in Folge der 68er-Bewegung nicht völlig verschwunden. Vor allem für deutsche Beobachter war das einleuchtend. War nicht der Geist von 1789 genauso über den Rhein geschwappt wie der Geist von 1968?

Ich glaube nicht, dass sich Frankreichs geistige Vorreiterrolle im 21. Jahrhundert plötzlich erschöpft hat. Für die Abwendung deutscher Intellektueller von Frankreich diente gerade Finkielkraut in den letzten Jahren als das beste Beweisstück. Seine Warnungen vor dem Islamismus und der Überfremdung der europäischen Gesellschaft wurden bei uns als Fremdenfeindlichkeit abgetan.

Seine Deutschland-Kritik taten wir als Kritik aus einer anderen Zeit ab, als Deutschland noch kein weltoffenes, feministisches, grünes Land war. »Welche Unvorsichtigkeit! Welche Unverschämtheit!« Recht hatte der Pariser Miesmacher!

Finkielkraut streitet bis heute für die Freiheit von der Barbarei, die immer noch vor unserer Haustür lauert. Auf diese Art hat er Auschwitz doch intensiver verarbeitet als wir. Er sieht die Gefahr, dass sich die Barbarei der Nazis in anderer Form wiederholt, überall gegeben – mit dem islamistischen Terror, mit dem postmodernen Massenbetrug des Internets, mit der afrikanischen Bevölkerungsexplosion, die uns die Flüchtlinge beschert, mit dem Hass auf Israel.

Wir dagegen haben Auschwitz ins Klassenzimmer delegiert. Unsere vorbildhafte Vergangenheitsbewältigung, gerade gegenüber den algerienblinden Franzosen, gehört mittlerweile zum kollektiven Bewusstsein. Kaum ein deutscher Intellektueller – die Vordenker der AfD ausgeschlossen – mäkelt mehr daran herum. Wir glauben auch oder hoffen es zumindest, dass wir mit unserer verinnerlichten historischen Selbstkritik überall in der Welt gut ankommen. Dass wir als Deutsche inzwischen beliebt sind, viel beliebter als andere, wie zum Beispiel die arroganten, fremdsprachenfaulen Franzosen.

So aber glauben wir, vor Gefahren relativ sicher zu sein, allemal sicherer als die Franzosen. Wir brauchen keine Atombombe! Lasst sie den Franzosen!

Kann man da den Franzosen Finkielkraut nicht verstehen, wenn er kurz nach dem 13. November 2015 sagt: »Mich beunruhigt dieses europäische Sich-gehen-Lassen. Europa ist eine Zivilisation. An uns liegt es heute nicht mehr, sie in die Welt zu tragen. Aber wir müssen sie schützen, weitergeben, verteidigen. Ich fürchte, wir können das nicht mehr.«

Der Einspruch ist berechtigt, selbst wenn wir am Ende die besseren Argumente haben könnten: Gegen Atombombe und Atomkraft, für mehr Bio und Flüchtlinge. Trotzdem müssen wir uns immer wieder fragen lassen, wie wir unsere Freiheit verteidigen.

Dabei ist die Freiheit von der Barbarei, für die ein Finkielkraut streitet, noch immer die revolutionäre Freiheit, die schon Heinrich Heine meinte, die Frankreich 1789 für Europa erkämpfte, als es Monarchie und Feudalismus ein Ende bereitete. Sie wird in deutschen Debatten in aller Regel vorausgesetzt. Die Partei der Grünen ist ein Beispiel dafür. Sie diskutiert im deutschen Wahljahr 2017 über Steuern für Reiche und die Abschaffung des Dieselmotors. Und nicht über die Verteidigung der europäischen Grundwerte. Aber wer sagt denn, dass das heute nicht mehr Not täte?

Ausgerechnet das kleinbürgerlich-aufgeklärte, traditionell ideologiekritische Publikum der deutschen Grünen aber wirkte im Vorlauf des Wahljahres 2017 gründlich desorientiert. Nicht nur dass die Umfragewerte der Grünen mit Blick auf die Wahlen deutlich in den Keller sanken. Nach der Begeisterung für die neue deutsche Willkommenskultur im Zuge der Flüchtlingskrise fehlte es der Partei offenbar an neuen politischen Antworten auf die durch den Brexit und die Wahl Trumps augenfällige Krise des Westens. Die Grünen lieferten sie jedenfalls nicht. Klimaschutz und Homo-Ehe waren keine Antworten auf Rechtsradikalismus und Islamismus.

Und siehe da: Plötzlich schaute das grüne Parteimilieu wieder zu einem französischen Intellektuellen auf. Ausgerechnet ein homosexueller Soziologe, dessen Mutter den Front National wählte, traf die neuen deutschen Erklärungsnöte.

Tatsächlich hat wohl kein französischer Denker in Deutschland in den vergangenen Jahren so viel Wirbel verursacht wie der Soziologe Didier Eribon mit seinem Buch *Rückkehr nach Reims*. Eribon gehört nicht mehr zur Garde der »neuen Philosophen«, aber er war Schüler der intellektuellen Superstars Pierre Bourdieu und Michel Foucault, deren linke Anti-Establishment-Theorien er beim Wort nahm. Selbst in seinem eigenen, universitären Milieu bleibt Eribon ein Außenseiter. Zumindest empfindet er sich so. Denn er ist ein Seitenwechsler oder Grenzgänger zwischen den Welten: zwischen Stadt und Land, zwischen schwuler Subkultur und bürgerlicher Professorenexistenz, zwischen dem akademischen Habitus und dem ungebildeten Milieu seiner eigenen Herkunftsfamilie, der französischen Arbeiterklasse.

Von dieser Arbeiterklasse handelt seine *Rückkehr nach Reims*, die ihm bei seiner Rückkehr in die eigene, zwischenzeitlich entfremdete Familie jedoch Angst machte. Sie lehrte aber vor dem Wahljahr 2017 auch viele politisch sensibilisierte Deutsche das Fürchten. Denn ihre politisch einflussreichste Stimme war bekannt: Marine Le Pen.

Auslöser für Eribons Buch war die Demenzerkrankung und der Tod seines Vaters. Jahrelang hatte er keinen Kontakt zu seiner Familie gehabt, auch zur Beerdigung seines Vaters fuhr er nicht. Aber er begann seine Mutter über die Familiengeschichte zu befragen, sich selbst zu hinterfragen, und stellte überraschende Veränderungen in seinem Herkunftsmilieu fest.

Als *Retour à Reims* 2009 in Frankreich erschien, erregte es dort bei weitem nicht so viel Aufsehen wie sieben Jahre später in Deutschland. Dabei ist es kein wissenschaftliches Werk, sondern ein eher schmaler Band, ein Roman mit autobiografischen Zügen und essayistischen Einschüben, eine klassische Herkunfts- oder Aufsteigergeschichte. Zugleich ein persönliches, aber überhaupt nicht skandalträchtiges Enthüllungsbuch. Dass Didier Eribon, Jahrgang 1953, homosexuell ist, war bekannt. Aber dass der anerkannte Soziologe aus einer Arbeiterfamilie stammt, hatte er bis dahin nie öffentlich gemacht, verschwiegen, vergessen, verdrängt. Kein Fremdschämen, sondern an der eigenen Person festgemachte soziale Scham.

Denn seine Geschichte ist nicht die von einfachen Leuten aus einfachen Verhältnissen. Es ist die Geschichte von schwierigen Menschen aus schwierigen Verhältnissen. Von Menschen, die früher die Kommunistische Partei Frankreichs (PCF) gewählt hatten und nun, wie Eribons eigene Eltern und Geschwister, zum Front National übergelaufen waren. Es ist die Geschichte von den Globalisierungsverlierern, von den »Abgehängten« aus den deindustrialisierten Regionen, die sich von ihrer alten politischen Heimat nicht mehr wahrgenommen und im Stich gelassen fühlten. »Es gab die Parteien ›für die Arbeiter‹ und die Parteien ›gegen die Arbeiter‹, erklärte Eribon in einem Interview mit dem Magazin der Bundeszentrale für politische Bildung vom 22. März 2017. »Meine Eltern haben jahrelang ihre Stimmen der PCF gegeben. Heute sagt meine Mutter ›Wir, die Franzosen‹ und wählt den FN. Viele aus dem Arbeitermilieu tun das Gleiche. Ich wollte verstehen warum.«

Neu war Eribons persönlicher Zugang. Neu war aus deutscher Sicht, dass es auch in Deutschland plötzlich wieder eine soziale Frage gab, dass auch hier, in einem Jahr, in dem Pegida und Legida die Massen auf der Straße mobilisierten und die rechte Alternative für Deutschland (AfD) bei zwei Landtagswahlen auf über 20 Prozent kam, plötzlich von den sozial Deklassierten, Abgehängten, Ausgeschlossenen die Rede war. Wer waren diese Menschen? Wer wählte die AfD und warum? Warum hatte der Rechtspopulismus nicht nur in Frankreich oder Großbritannien, sondern auch hierzulande Erfolg?

Rückkehr nach Reims versprach, darüber auf persönliche Art und Weise Auskunft zu geben und zugleich den politischen Diskurs in Sachen Populismus und Europa zu reflektieren. Ein Buch, das auf der Höhe seiner Zeit zu sein schien, wenn auch fast ein Jahrzehnt früher entstanden – ein Text mit Langzeitwirkung.

Kaum ein französischer Intellektueller bekam in den Monaten vor den Präsidentschaftswahlen im Frühjahr 2017 so viele Interviewanfragen von deutschen Zeitungen wie Didier Eribon. »Anscheinend wollten die Medien in Deutschland ihrem Publikum einen interpretativen Schlüssel für diesen steigenden Populismus und Rechtsradikalismus anbieten«, sagte er im gleichen Interview. Eribon, ein Hoffnungsträger und Miesmacher zugleich.

Denn er ließ in seinen Interviews oder Kommentaren keinen Zweifel daran, dass Marine Le Pen in Frankreich den Sieg nicht davontragen würde, sondern dass die Ideale von Demokratie und einem freiheitlichen Europa triumphieren würden. Damit aber schaffte er verkehrte Welten: Die Deutschen waren ihm gegenüber nun Fragesteller, die ihren Frankreich-Blues beim Lesen seines Buches auf das eigene Land übertrugen – er aber war schon einen Schritt weiter: bei der europäischen Antwort.

Dabei war es Eribons Diagnostik einer Krise der Linken, die ihn besonders in Deutschland so gut ankommen ließ. Sie traf bei Menschen auf einen Nerv, die sich selbst seit September 2015 mit einer enormen moralischen Herausforderung konfrontiert sahen – knapp 900 000 Flüchtlinge waren in diesem Jahr ins Land gekommen. Sie bediente die Sehnsucht nach Erklärungen, nach einem Vokabular und Instrumentarium, um den gesellschaftlichen Wandel zu fassen. Siehe da, der Abbau des Sozialstaats und die Globalisierung waren auch an Deutschland nicht spurlos vorübergegangen. Und von der Bevölkerung wurden nicht nur Gastfreundschaft und Willkommenskultur beherzt praktiziert, sondern ebenso explodierte hier und da Fremdenhass. Das hässliche Gesicht Deutschlands wurde sichtbar.

In Berlin fanden im November 2016 regelrechte Eribon-Festspiele statt; die Veranstaltungen waren ausverkauft, die Diskussionen mussten gestreamt werden.

Plötzlich wollten Deutsche, jung wie alt, sich von einem Franzosen die Welt erklären lassen. Sie versprachen sich, trotz des so unterschiedlichen Umgangs der Länder mit der Flüchtlingsfrage, Aufklärung in einer radikal sich verändernden Welt. Das latente Überlegenheitsgefühl gegenüber Frankreich schien bei diesen Deutschen erschüttert. Und die Kulturhegemonie der französischen Intellektuellen für eine kurze Zeit wiederhergestellt.

7. KAPITEL

»Bitte etwas mehr historische Bescheidenheit!«

Warum Deutschland Frankreichs jüdische Intellektuelle braucht

Der undramatische Gleichklang der Berliner Debatten, der eine neu gewonnene deutsche Selbstzufriedenheit in der Merkel-Ära spiegelt und sich so gänzlich von der Schärfe vieler französischer Debatten unterscheidet, hat aber auch noch einen ganz anderen Grund, der selten Erwähnung findet: Uns Deutschen fehlt der Einfluss jüdischer Intellektueller.

Es macht einen großen Unterschied, dass das Pariser Geistesleben bis heute von vielen Persönlichkeiten jüdischer Herkunft geprägt ist. Ihnen zuzuhören, sie ernst zu nehmen, sie als wichtige Diskussionspartner über die Rolle Europas und insbesondere Deutschlands in der Welt zu empfinden ist eigentlich erste deutsche Intellektuellenpflicht. Kein Frankreich-Blues, sei er auch noch so stark, darf da als Ausrede fürs Weghören gelten.

Zugegeben, ich bin hier vorbelastet, und zwar seit meiner Zeit in jenem jüdischen Waisenheim in Paris,

dem *Œuvre de Secours aux Enfants*, das bis heute fort-
besteht. Schon die Kinder des Heims ließen nie einen
Zweifel daran, dass sie vieles – vor allem aber mehr als
ich – über die deutsche Geschichte wussten. Sie hatten
schon in ihrem jungen Alter an ihrer jüdischen Schule,
zu der ich sie im Kleinbus durch die Pariser Vorstadt
fuhr, den Holocaust durchgenommen. Ich empfand ihre
kritische Haltung mir gegenüber als ein angenehm ge-
sundes Selbstbewusstsein.

Seitdem besteht mein Umfeld in Paris, damals wie
heute, aus einer großen Zahl französischer Freunde und
Bekannter jüdischer Herkunft. Die Eltern meines besten
Pariser WG-Freundes aus den achtziger Jahren waren
rumänische Juden, die vor den Nazis nach Frankreich
geflüchtet waren. Die Eltern meiner derzeit engsten
Pariser Freundin waren beide Psychoanalytiker aus jüdischen Familien, die in der Nazi-Zeit verfolgt wurden.
WG-Freund Francis ist heute Betriebsrat beim führenden französischen Medienkonzern *Canal Plus*. Freundin
Judith ist eine Koryphäe auf dem seltenen Forschungs-
feld, wo sich Gesetzgebung und Kunst begegnen. Wir
reden eigentlich nie über die Vergangenheit. Unsere
Hauptthemen sind Kinder, Alltag, irgendwann die Politik. Wenn aber dann doch einmal die deutsche Politik,
deren moralische Haltung und wirtschaftliche Interessen zwischen uns zur Sprache kommen, ist das nie
exakt die gleiche Debatte wie mit jedem anderen Franzosen. Ich fühle mich zu größerer Urteilssorgfalt und
Selbstkritik verpflichtet. Sie stellen dann Nachfragen,
die andere nicht stellen würden, und wollen alles ganz

genau wissen. Sie fragen zum Beispiel jedes Mal nach, wenn Griechenland wieder ein Thema ist – immer mit dem Interesse, genau zu erfahren, was Regierung und Meinungsführer in Berlin von der Deutschland gegenüber ja nicht unkritischen Regierung in Athen und ihrer Öffentlichkeit halten. Als erweise sich hier, wie tolerant Deutschland wirklich sei. Als habe die deutsche Politik immer noch eine tiefere Bedeutung für sie. Was mit Sicherheit damit zu tun hat, dass ihre Familien ihr einst nur knapp entkommen waren. Das aber ist natürlich eine große Chance. Das bringt unser Gespräch voran.

Ähnlich, aber in einem ganz anderen Rahmen erging es mir mit Glucksmann und Finkielkraut. Ich denke immer noch, dass mir meine Arbeit im Kinderheim die Tür zu ihnen öffnete. Es war ein Sühnedienst gewesen, ein Beweis, dass die deutsche Vergangenheit an mir haftete. Durch das Drama der Nazi-Verfolgung ihrer Eltern waren die beiden »neuen Philosophen« mit ihr noch viel stärker verbunden. Doch wollten sie gerade darüber nicht sprechen, jedenfalls nicht mit einem deutschen Journalisten, der für die deutsche Öffentlichkeit schreibt. Der wollten sie ja gerade beweisen, dass sie die Opferrolle ihrer Eltern überwunden hatten. Dass sie nicht mehr zurückschauten, sondern Gegenwart und Zukunft – welche Herausforderung nach Auschwitz! – neu analysierten.

Es gab schon immer eine ganz besondere Intensität im Diskurs französischer Intellektueller jüdischer Herkunft über Deutschland. Die kurz vor ihrem 90. Geburtstag im Juni 2017 verstorbene Auschwitz-Überlebende Simone Veil war dafür das wohl bekannteste Beispiel. Sie war eine frühe Menschenrechts- und Frauenaktivistin. Sie war Ministerin unter Giscard und Chirac. Sie war die erste Präsidentin des Europäischen Parlaments. Sie war über Jahrzehnte die populärste Frau ihres Landes. Vor allem aber verkörperte sie in Frankreich eine unangefochtene moralische Autorität, weshalb der Verstorbenen noch im Sommer 2017 unverzüglich der Weg ins Pariser Pantheon freigemacht wurde, in dem die Franzosen ihre wahren Helden begraben. Oft wird jahrzehntelang darüber diskutiert, wer dort aufgenommen wird. Nicht bei Simone Veil, die aus ihrer völlig unvorstellbaren KZ-Erfahrung – sie überstand im Januar 1945 sogar den berüchtigten Todesmarsch der Häftlinge von Auschwitz nach Bergen-Belsen – die für sie unumstößliche Lehre der deutsch-französischen Freundschaft gezogen hatte. Und zwar schon in den ersten Nachkriegsjahren.

Veils moralisch überwältigende Erscheinung als Auschwitz-Überlebende, als Menschenrechtsaktivistin, als Frauenrechtlerin, als erfolgreiche Ministerin und Europapolitikerin, deren Engagement aber immer im Zeichen der deutsch-französischen Freundschaft stand, ist tatsächlich etwas, wofür wir in Deutschland keine Entsprechung haben. Ihr Tod am 30. Juni 2017 löste in Frankreich eine große öffentliche Trauer aus. In Deutschland nicht. Zwei Wochen vorher war dort Helmut Kohl gestorben. Sein Tod aber löste auf beiden Seiten des Rheins große Anteilnahme aus. War das ein Zeichen, dass uns Auschwitz samt der anschließenden Versöhnungsgeschichte heute weniger wichtig ist als den Franzosen? Dass Kohls »Gnade der späten Geburt« für uns zur Selbstverständlichkeit geworden ist? Oder musste man einfach anerkennen, dass Veil in eine andere Zeit gehörte und in der deutschen Öffentlichkeit kaum mehr bekannt war?

Jedenfalls war auch meiner ARD-Fernsehkollegin in Paris, Ellis Fröder, die etwas beiläufige Reaktion der deutschen Politiker und Medien auf Veils Tod aufgefallen. Erfolglos versuchte sie über ihren Tod für die ARD zu berichten. Die so zu Tage tretende Gleichgültigkeit gegenüber Veil aber war ein typisches Zeugnis des Frankreich-Blues. Frankreichs Trauer um Simone Veil ging uns im Grunde nicht mehr viel an. Ausgerechnet uns, die wir sie fast umgebracht hatten! Das passiert, wenn ein Freund vom anderen nichts mehr wissen will.

Die große Veil aber war nicht nur Ausnahmefigur, sie stand mit ihrer Haltung auch stellvertretend für viele Franzosen jüdischer Abstammung – für Francis und Judith, für Glucksmann und Finkielkraut.

Francis wurde als 14-Jähriger im deutsch-französischen Schüleraustausch von einer reichen Bankiersfamilie in Frankfurt alles andere als gut behandelt. Er kann davon noch heute Schauergeschichten erzählen. Aber er würde nie eine dumme Bemerkung über die Deutschen oder Deutschland machen. Genau so wenig wie Simone Veil je ein schlechtes Wort über die Deutschen oder Deutschland gesagt hat. Weil darin nach Auschwitz ein ganz besonderer moralischer Imperativ lag, nämlich der Glaube an das Gute im Menschen, auch und gerade an das Gute in den Deutschen.

Selbstverständlich spielt der Bezug zu Auschwitz für französische Intellektuelle jüdischer Abstammung eine andere Rolle als für französische Intellektuelle im Allgemeinen. Letztere sehen die deutsch-französische Aussöhnung eher wie die meisten Franzosen: als das folgerichtige Ergebnis vieler sinnloser Schlachten und zweier Weltkriege. Das Wissen über die deutschen Konzentrationslager und damit das Bewusstsein für das moralische und politische Totalversagen der Deutschen ist dagegen bei den Franzosen mit jüdischem Hintergrund ungleich größer.

Mehr als andere setzen sie sich mit Deutschland auseinander. Mehr als andere fordern sie uns heraus. Umso wichtiger müsste ihre Kritik von uns genommen werden. Stattdessen tun wir sie – wie die meiste französische Kritik – als vergangenheitsbehaftet ab. Frankreich, sagen deutsche Politiker und Kommentatoren dann, schaut zu oft zurück und kann sich nicht von seiner Geschichte lösen. Unter dieses Raster fallen auch die französischen Intellektuellen jüdischer Herkunft.

Der Historiker Emmanuel Todd gehört zwar nur entfernt in diesen Kreis, aber er steht ihnen geistig nahe. Er hatte eine jüdische Großmutter, die eine Kusine des französischen Ethnologen Claude Lévi-Strauss war und den Schriftsteller und Philosophen Paul Nizan heiratete, der wiederum der engste Jugendfreund Jean-Paul Sartres war und mit 35 Jahren im Krieg gegen die Deutschen 1940 fiel. Todd entstammt also den feinsten, immer auch jüdisch inspirierten Pariser Intellektuellenkreisen. Und er machte seiner Herkunft schnell alle Ehre.

Schon 1976 veröffentlichte er sein erstes Buch: *Vor dem Sturz. Das Ende der Sowjetherrschaft.* Fünfzehn Jahre später war die Sowjetunion Geschichte. Im Jahr 2002 erschien dann sein auch in Deutschland erfolgreicher Bestseller: *Weltmacht USA. Ein Nachruf.* Sieben Jahre später hatten die USA durch die Weltfinanzkrise viel Macht eingebüßt. In beiden Büchern hatte Todd zu einem Zeitpunkt, als keiner damit rechnete, den später real eingetretenen Machtverlust der beiden Weltmächte vorausgesehen. Er wurde deshalb auch international bekannt und gilt bis heute als einer der einflussreichsten französischen Gegenwartsautoren. Dabei sind es stets seine außergewöhnlichen anthropologischen und demografischen Forschungsmethoden, die ihn zu außergewöhnlichen Ergebnissen kommen lassen.

Doch sosehr sich die Deutschen noch zu Beginn des 21. Jahrhunderts für Todds Abgesang auf die USA begeistern konnten, so sehr wenden sie sich von ihm ab, wenn er heute auch ihnen das Ende ihrer Dominanz prophezeit.

Dabei macht Todd genau das, was man doch zu allererst von einem jüdischen Intellektuellen erwartet: In bester Tradition Sigmund Freuds legt er Deutschland auf die Couch. Er versucht zwischen Schein und Wirklichkeit zu unterscheiden und schließt von gestern auf heute.

»Deutschland: Das ist für mich zunächst die klassische Stammfamilie, in der die Erbfolge des ältesten Sohnes dominiert, was die Autorität des Vaters und die Ungleichheit unter den Geschwistern stärkt – ganz anders als etwa die traditionelle Kleinfamilie im Pariser Becken, die ihr Erbe penibel gerecht unter allen Geschwistern verteilt. Das deutsche Familiensystem findet sich auch in Schweden, Japan, Katalonien und im Baskenland – alles sehr effiziente Gesellschaften mit einem Hang zur Steifheit«, erzählte Todd beim Interview in seiner Wohnung im 14. Pariser Arrondissement.

Er war von Anfang an begeistert von der Idee, über Deutschland zu sprechen. Das Interview fand auf Französisch statt, obwohl er gut Deutsch spricht, später ging er jede Zeile der Übersetzung mit mir durch. Dabei musste er immer wieder laut lachen, denn ich hatte für das Gespräch die Rolle des selbstbewussten Deutschen eingenommen, der sich von einem wie Todd nichts mehr erzählen lassen musste.

»Wissen Sie nicht, dass in Umfragen heute 80 Prozent der Deutschen zufrieden mit ihrer Regierung und dem Zustand des Landes sind?«, fragte ich ihn. Er antwortete: »Das ist Teil des Problems. Deutschlands wirtschaftlicher Erfolg beruht nur in zweiter Linie auf dem Euro, den Hartz-Reformen und der Flexibilisierung des Arbeitsmarktes. Sein eigentlicher Vorteil gründet auf sozialen Archaismen. Die deutsche Gesellschaft hat sich nicht wie die amerikanische, englische und französische Gesellschaft deindustrialisiert. Die Deindustrialisierung aber ist ein Phänomen der Modernisierung. (…) Deutschland ist eine technische Gesellschaft, sie hat etwas Mechanisches. Nur 31 Prozent der Deutschen studieren, in Frankreich sind es 43 Prozent, in Japan 46 Prozent. Man begreift die Welt auch jenseits von Lehre und

Beruf als eine technische Welt. Das war im Jahr 1900, als Deutschlands Geistesstudien die Welt entzückten, noch ganz anders und hat womöglich mit der Vernichtung der Intelligenzia durch die Nazis zu tun. Niemand versteht, warum die Deutschen so wenig Kinder bekommen. Aber man lobt Deutschland immer für seine perfekten Maschinen. Da ist die Frage erlaubt, ob Deutschland nicht selbst wie eine Maschine funktioniert.«

Genau so und nicht weniger scharf debattieren Franzosen. Aber war Todds Frage in Deutschland nun erlaubt oder nicht? Jedenfalls fiel sie sehr aus dem Rahmen. Als das Gespräch in der *Zeit* erschien, gab es viele empörte Leserbriefe, aber immerhin: viel mehr Briefe als üblich. Todd hatte also einen Nerv getroffen. Auch die Redaktion der *Zeit* stritt kontrovers über seine Thesen. Genau so sollte es sein, doch so geschieht es eben selten.

Egal ob früher Glucksmann oder heute Finkielkraut und Todd: Sie waren immer bereit, sich mit ihren Äußerungen direkt an die Deutschen zu wenden. Sie sprachen dabei, wie sie über dieses Thema nie in Frankreich sprachen. Denn ihre Deutschland-Kritik würden sie gegenüber einem französischen Publikum anders formulieren, viel vorsichtiger, um auch ja nicht überheblich oder gar nationalistisch zu klingen. Zugleich werden sie in Frankreich auch nur selten nach ihrer Meinung über Deutschland befragt.

Dass sie aber ihre Kritik gezielt für die deutsche Öffentlichkeit formulierten, zeigte ihr Interesse, auf unsere Diskussion einzuwirken, eine Debatte über den Rhein hinweg anzuregen. In meiner über 30-jährigen

Zeit als Auslandskorrespondent ist das eine sehr seltene Erfahrung. Denn nur in Ausnahmefällen ist es möglich, Leute, die bereits in der eigenen Öffentlichkeit Gewicht haben – und nur solche will man als Korrespondent interviewen –, dazu zu bewegen, sich auf das a priori fremde Publikum, in diesem Fall Deutschland, einzulassen. Interviewt die französische Presse Deutsche, tun diese das in der Regel auch nicht, sondern sagen, was sie auch der deutschen Presse sagen.

Das grenzüberschreitende Interesse scheint deshalb bis heute bei Pariser Intellektuellen jüdischer Herkunft besonders groß zu sein. Auch sie fühlen sich von der gegenwärtigen deutschen Politik noch immer stärker betroffen als die meisten außerhalb unserer Grenzen – nur stößt ihr Interesse kaum auf Gegenliebe.

Finkielkrauts historisch begründete Kritik der deutschen Gesinnungsethik mitten in der Flüchtlingskrise hätte bei uns eigentlich – mindestens – einen empörten Aufschrei verursachen müssen. Stattdessen beschäftigten sich unsere Diskussionen weiter mit Obergrenzen für Flüchtlinge, der Lage in Asylbewerberheimen und der Sicherheit im Land. Franzosen, die unser Wesen in Frage stellten, konnten wir dabei nicht gebrauchen. Wir hatten schließlich alle Hände voll mit der Aufnahme von Flüchtlingen zu tun, während die Franzosen sich offenbar nicht um sie kümmern wollten. Da war er wieder, der deutsche Frankreich-Blues! Wenn es einen Grund gab, dass Frankreich nicht mehr Flüchtlinge aufnahm, konnte es nur die mangelnde Großzügigkeit der Franzosen sein: ihr aus unserer Sicht durch Marine Le

Pen symbolisierter Rassismus. Kein Grund, darauf einzugehen! Finkielkraut wurde selbstbewusst überhört.

Schon in jenem *Zeit*-Interview vom Mai 2014 hatte Todd gefragt: »Sind die Deutschen heute etwa nicht überzeugt, dass sie alle große Demokraten sind und ihr Land ein Modell für die Demokratie ist?« Er beantwortete seine Frage selbst: »Ist ja oberflächlich gesehen auch etwas dran. Merkel ist wirklich populär und wurde mit großer Mehrheit gewählt. Den Franzosen erscheint Hollande dagegen wie ein illegitimer Klon, der das Gegenteil von allem macht, was er versprach. Aber letztendlich beruht das gute Funktionieren der deutschen Demokratie heute auf ihrer neuen Vormachtstellung in Europa. Deutschland erscheint insofern als ethnische Demokratie, die Deutschen als demokratisches Herrenvolk. Sie sehen sich als große Demokraten, aber in Wirklichkeit zerstören sie unter Mitwirkung Frankreichs die Demokratie in Südeuropa. Deutschland lebt mit einem falschen Bild seiner selbst. Unbewusst – auf eine friedliche, undramatische Art und Weise, bei der es keine Drohungen und keine Toten gibt – sind die Deutschen heute dabei, ihre Katastrophen bringende Rolle für die anderen Europäer – und eines Tages auch für sich selbst – wieder einzunehmen.«

Todd sprach damals unter dem Eindruck der Eurokrise, doch es klang für deutsche Ohren, als würde er unser Land nicht kennen. Herrenvolk? Wie konnte er nur ein solches Wort verwenden? Und waren die Deutschen nicht fast überall in Europa beliebter als je zuvor in ihrer Geschichte?

Und doch war auffallend, dass niemand in Deutschland die Debatte aufgriff. Vergeblich suchte man in den vergangenen Jahren nach den Stimmen deutscher Meinungsführer, die explizit auf die französische Kritik eingingen oder sich exklusiv an ein französisches Publikum wandten. Hin und wieder gab Bundesfinanzminister Wolfgang Schäuble den französischen Zeitungen ein Interview, um die deutsche Sparpolitik zu rechtfertigen. Manchmal schrieben auch seine Mitarbeiter einen Meinungsartikel in *Le Monde*, um keine Zweifel an der unveränderten deutschen Position aufkommen zu lassen. Auch kam der ehemalige deutsche Außenminister Joschka Fischer regelmäßig nach Paris, um dann im kleinen Kreis gleichgesinnter Franzosen die deutsche Politik zu erklären, mal mehr, mal weniger kritisch. Doch ein größer angelegter Versuch von prominenter Seite, den Franzosen Merkel-Deutschland zu erklären, war nicht zu erkennen.

Für einen Moment durchbrach der Pariser Anschlag auf das Satiremagazin *Charlie Hebdo* im Januar 2015 die Gleichgültigkeit vieler deutscher Politiker und Intellektueller gegenüber Frankreich. Der spontane Wangenkuss zwischen Hollande und Merkel im Hof des Élysée-Palasts am Sonntag nach den Attentaten blieb vielen Franzosen als bester deutsch-französischer Moment der letzten Jahren in Erinnerung. Auch gab es an der tief empfundenen Solidarität mit *Charlie Hebdo* unter deutschen Journalisten kaum Zweifel.

Das in Frankreich vielleicht bekannteste Opfer der Anschläge war der Karikaturist Georges Wolinski, auch er, wie Finkielkraut, Kind eines jüdischen Vaters aus Polen. Wolinski war 80 Jahre alt, als er ermordet wurde. Er war ein dezidiert linker Karikaturist gewesen, lange Zeit bei der kommunistischen Tageszeitung *Humanité* engagiert. Doch so groß die Trauer um ihn auch in Deutschland war, seine linkskommunistische, deutschlandkritische Tradition wurde bei uns in den zahlreichen Nachrufen auf ihn und die anderen Opfer kaum wahrgenommen. Seine Biografie wurde stattdessen verkürzt auf seine letzten Jahre als islamkritischer Karikaturist.

Noch in der größten Erregung um den Anschlag auf *Charlie Hebdo* offenbarten die deutschen Medien damit ihren Frankreich-Blues. Sie erinnerten sich nicht an die Botschaft, die der Franzose jüdischer Abstammung Wolinski für Deutschland parat hielt. Er war ein strikter Gegner der Wirtschaftsreformen, die Berlin von Paris verlangte. Sein Herz schlug mit den Griechen und anderen Südeuropäern. Doch das war unwichtig geworden. Obwohl dem Anschlag auf *Charlie Hebdo* doch nur zwei Tage später der explizit antisemitische Anschlag auf den koscheren Supermarkt *Hyper Cacher* in Paris folgte, bei dem vier jüdische Franzosen ermordet wurden. Hätte man da nicht dem Juden Wolinski in all seinen Facetten, auch als altmodischem Linken, gerecht werden müssen?

Doch nicht nur wer Deutschland aus französisch-jüdischer Sicht kritisierte, fand rechts vom Rhein in den letzten Jahren kein Echo mehr. Auch diejenigen, die Deutschland priesen, blieben weitgehend ungehört.

Die Rede ist hier von Alain Minc, dem französischen Deutschland-Experten par excellence. Ein von Statur her kleiner und dennoch großer Mann. Er ist heute 68 Jahre alt und führt immer noch seine eigene Beratungsfirma *AM Conseil* in einem luxuriösen Büro unweit der Champs-Élysées in Paris.

Alle vier jüdischen Großeltern Mincs fielen dem Holocaust zum Opfer. Sein Vater überlebte den Krieg im französischen Widerstand gegen die Deutschen. Doch Minc ist wie Simone Veil ein bedingungsloser Verfechter der deutsch-französischen Freundschaft. Er war als Jahrgangsbester seiner Eliteschule schon mit 30 Jahren Vorstandsvorsitzender des französischen Bauriesen Saint-Gobain. Später leitete er 14 Jahre lang den Aufsichtsrat der Tageszeitung *Le Monde*. Als er diesen Posten 2008 im Streit niederlegte, zählte er zu den engsten Beratern von Präsident Nicolas Sarkozy. Mit ihm wollte er durchsetzen, dass an den Kabinettstischen in Berlin und Paris jeweils ein zuständiger Minister der anderen Seite sitzt. Doch die internationale Finanzkrise, sagte er später, brachte alle deutsch-französischen Pläne Sarkozys durcheinander.

Bei unserer ersten Begegnung im Herbst 2013 hatte er gerade eines seiner vielen Bücher veröffentlicht. Sein Titel: *Vive l'Allemagne!* (Es lebe Deutschland!) Darin schrieb er: »Das deutsche Modell hält keine Überraschungen parat, weder gute noch schlechte – so geordnet, langsam und vorhersehbar ist seine Funktionsweise. Doch auch wenn es damit niemanden begeistert und inspiriert, setzt es sich als die perfekteste Demokratie Europas durch.« Mehr guter Wille gegenüber den Deutschen als bei Minc ließ sich in Frankreich kaum finden. Doch auch Minc machte sich Sorgen. Er erkannte, dass sich die Deutschen immer mehr von Frankreich abwandten.

»Zweifellos kann ein Frankreich, das den Aufbau Europas proaktiv vorantreibt, die Bundesrepublik heute noch mitziehen. Doch in zehn Jahren wird das nicht mehr möglich sein, weil dann die Macht in Berlin und bei den Kindern des heutigen Deutschlands liegen wird: Individualisten, Demokraten bis in die Zehenspitzen, manische Naturliebhaber, satte Ökonomen, im Erscheinen Europäer, doch ohne große politische Vision, lässig und gleichgültig.«

Minc wollte selbst etwas gegen diese Perspektive unternehmen. Ich stellte eine Verbindung zu Altkanzler Gerhard Schröder her, den Minc schon aus früheren Begegnungen kannte und den wir in seiner Rechtsanwaltskanzlei in Hannover besuchten. Dabei entstand ein gemeinsames Papier von Minc und Schröder, das kurze Zeit nach dem britischen Votum für den Austritt aus der Europäischen Union in der *Zeit* und in *Le Monde* erschien. Sie verteidigten darin die Vorrangigkeit der deutsch-französischen Beziehungen und hoben die strategische Ausgeglichenheit beider Länder hervor, wo eben nicht einer stärker als der andere ist, sondern jeder andere Stärken hat. Sie zeigten auf, wo beide Länder enger zusammenarbeiten könnten, ohne andere zu verärgern. Ich hatte meinen Anteil am Entstehen ihrer gemeinsamen Position und teilte sie. Das Papier befindet sich deshalb im Anhang dieses Buches. Doch was mir bis heute nicht einleuchten mag: Warum konnten das nur die Alten?

Minc und Schröder, das waren zu diesem Zeitpunkt die Ehemaligen, die sich für ihr altes Steckenpferd der deutsch-französischen Freundschaft einsetzten. So zumindest sah es aus. Die Öffentlichkeit auf beiden Seiten des Rheins nahm kaum Notiz von ihren Vorschlägen. Warum aber gab es nach dem Referendum zum EU-Austritt der Briten nicht anderswo ähnliche Initiativen? Nichts lag doch näher, als nach dem Brexit-Votum noch einmal ganz genau auf das deutsch-französische Verhältnis zu schauen.

Minc und Schröder waren der Meinung, dass es gute Gründe gab, weiterhin auf einer Beziehung auf Augenhöhe zwischen Paris und Berlin zu bestehen. Und sei es nur mit dem Ausblick, dass die Bevölkerung Frankreichs in 30 Jahren größer als die deutsche sein könnte. Vor allem aber wollten Minc und Schröder der Vorstellung von einer dauerhaften deutschen Wirtschaftshegemonie in Europa entgegentreten. Sie aber ist der Grund, warum gerade französischen Ökonomen der Frankreich-Blues besonders hart entgegenschlägt.

8. KAPITEL

Der Stärkere hat nicht immer Recht

Frankreich betritt wirtschaftspolitisch Neuland

Auf keinem anderen Feld fühlen sich die deutschen Eliten heute den Franzosen so überlegen wie in der Wirtschaft. Geht es nach Emmanuel Todd, dann völlig zu Recht: »Die Franzosen haben immer noch die Illusion, sie könnten mit den Deutschen Schritt halten. Mitterrand und die Idioten, die ihn berieten, machten Anfang der neunziger Jahre den gleichen Fehler, als sie Deutschland die Maastricht-Kriterien zugestanden. Man wähnte sich auf Augenhöhe. Das ist der Urfehler des Euros. Dabei gibt es aus dem Zweiten Weltkrieg keine klarere Lehre, als dass Frankreich den Deutschen nicht das Wasser reichen kann. Das können nur Amerikaner und Russen.« So sieht es Emmanuel Todd, der Historiker im *Zeit*-Interview 2014.

Doch so einfach ist die Sache nicht. Historische Vergleiche zeigen, dass Franzosen und Deutsche beim Pro-Kopf-Einkommen seit mehr als 150 Jahren keine großen Unterschiede aufweisen. Auch wenn in den letzten Jahren die Deutschen einen gewissen Vorsprung verbuchen konnten, ist dieser nicht uneinholbar. Und auch die Produktivität französischer und deutscher Arbeiter liegt heute etwa gleichauf. Nur arbeiten die Deutschen oft länger und im Niedriglohnsektor für weniger Geld.

Der große Vorteil der deutschen Wirtschaft, da sind sich fast alle Experten einig, ist ihre Industriestruktur: die vielen mittelständischen Unternehmen, die mit Nischenprodukten den Anschluss an die Weltmärkte nicht versäumten. Frankreich dagegen zählt zwar mehr Unternehmen als Deutschland unter den 500 größten der Welt, doch mehr als 95 Prozent der Firmen des Landes haben weniger als 250 Angestellte. Sie schaffen es insbesondere als Industrieunternehmen nicht, für den Weltmarkt zu produzieren. Dafür sind sie schlicht zu klein und sterben deshalb langsam aus. Das Ergebnis: Zwischen 2000 und 2017 fiel der Anteil der französischen Industrie am Bruttosozialprodukt von 16,5 Prozent auf 12,5 Prozent, während er in Deutschland die ganze Zeit über stabil bei mehr als 20 Prozent lag. Diese Zahlen erklären zum Teil die höhere Arbeitslosigkeit in Frankreich. Aber sie sagen nichts über Frankreichs ökonomisches Zukunftspotenzial.

Die junge, im europäischen Vergleich relativ schnell wachsende Bevölkerung Frankreichs, die heute noch dafür sorgt, dass viele Jugendliche auf den Arbeitsmarkt drängen und erst einmal die Arbeitslosenzahlen in die Höhe treiben, ist langfristig ein immenser Vorteil für die französische Wirtschaft. Sie lässt auch die Finanzierung eines großzügigen Sozialsystems langfristig realistischer erscheinen als in Deutschland. Außerdem ändern sich die französischen Mentalitäten. Allmählich, und sicher langsamer als in Deutschland, zeigt die Globalisierung auch in Frankreich ihre Wirkung. Niemand steht in wirtschaftlicher Hinsicht dafür mehr als Emmanuel Macron.

Als der frisch gewählte Präsident im Juni 2017 im leichten Sommeranzug mit roter Krawatte auf eine zwei Meter hohe quadratische Bühne in Paris sprang, empfingen ihn die Jungunternehmer im Publikum kreischend wie einen Rockstar. Mehrere hundert Start-up-Gründer und ihre Mitarbeiter waren gekommen, um Macron live zu erleben. Früher gab es in Frankreich überall langatmige Protokolle und Begrüßungen, wenn der Staatspräsident auftrat, und die Leute tranken dazu Champagner. Das zeugte von einer gewissen Langsamkeit und einem oft unangebrachten Luxus, dem sich auch Unternehmer unterwerfen mussten. Heute ist das anders. Jetzt stellte niemand mehr den Präsidenten vor, und Tee gab es aus Pappbechern.

Macron eröffnete an diesem warmen Sommerabend in Paris die *F-Station*, einen blitzblank renovierten alten Güterbahnhof an der Seine, in dem ab sofort 1000 Start-ups aus aller Welt ihren Sitz haben. Macron nannte es den »größten Start-up-Campus der Welt«. Dann inszenierte er sich selbst als Geschäftsmann: »Wisst ihr, vor drei Jahren habe ich meiner Frau versprochen, dass ich mit der Politik komplett aufhöre und ein Unternehmen gründe«, sagte er auf der Bühne. »Ich habe dann das Business-Modell gewechselt.« Die Jungunternehmer jubelten. Ihr Star erzählte weiter, wie aussichtslos seine Präsidentschaftskandidatur noch vor einem Jahr erschien. »Die Leute wollten mir mein Leben vorschreiben, aber ich, ich habe anders entschieden. Das ist es, was es heißt, Unternehmer zu sein.« Wieder brandete Jubel auf. Und Macron weiter auf Englisch: »Entrepreneur is the new France!« So rockte der Präsident nach seiner Wahl die jungen Erfolgreichen der Republik.

Viel Show, wenig dahinter, werden viele Wirtschaftsbeobachter in Deutschland gedacht haben. Doch gut möglich, dass es Macron eines nicht zu fernen Tages gelingt, aus Frankreich die führende Start-up-Nation Europas zu machen. Das ist nämlich eine Mentalitätsfrage. Kann er Frankreichs Image kippen, vom ewigen Staat Colberts und des Sonnenkönigs hin zu einem Kreativzentrum für junge Unternehmer in der Mitte Europas? Kann er erreichen, dass die klügsten französischen Köpfe das Land nicht mehr für die USA von Donald Trump verlassen? Dann hätte er schon gewonnen, dann käme eine neue Gründerstimmung in Frankreich auf, die das Land weit tragen könnte.

In einer Hinsicht hat Frankreich vorgesorgt: Es verfügt mit Russland über die besten Mathematiker der Welt. Sie spielen bei der Digitalisierung der Wirtschaft eine zunehmend wichtigere Rolle, denn sie beherrschen Big Data, die Technik der massenhaften Datenspeicherung und -verarbeitung.

Bisher gingen die besten französischen Mathematiker, ausgebildet an den Eliteschulen ihrer Heimat, tatsächlich in die USA. Heute aber könnte die von Macron angeheizte Gründerstimmung in Frankreich viele veranlassen, im Land zu bleiben. Warum also die französische Wirtschaft belächeln?

Spiegel Online-Kommentator Jan Fleischhauer tat nach der Wahl Macrons genau das: »Auch die Deutschen hätten am liebsten die 35-Stunden-Woche und würden gern mit spätestens 62 in Rente gehen«, schrieb er. »Im Gegensatz zu ihren französischen Nachbarn haben sie allerdings akzeptiert, dass es einen Zusammenhang zwischen Produktivität und Wohlstand gibt, der sich durch keinen Rotwein der Welt, in welcher Menge auch immer genossen, außer Kraft setzen lässt.« Da waren sie wieder: Die Rotwein trinkenden Franzosen, mit denen sich ein anständiges deutsches Auto eben nie produzieren lassen wird.

Doch man muss Fleischhauer dankbar sein: Er trifft einen Ton, der an ein altes, zerstrittenes Ehepaar erinnert, das seit vielen Jahren in intensiver Arbeitsteilung zusammenlebt, aber den Beitrag des anderen zum gemeinsamen Leben nicht mehr wahrnimmt. Vor Scheidungen, die dann unvermutet böse wirtschaftliche Konsequenzen für beide Seiten haben, ist das häufig der Fall: Mindestens ein Eheteil glaubt dann, sich für den anderen aufzureiben und allein viel besser dastehen zu können. Meistens stellt sich das als ein folgenschwerer Fehler heraus.

Und apropos Auto: War es nicht erstaunlich, wie Renault und Peugeot, die das große Rennen der globalen Autoindustrie hinter den Deutschen Volkswagen, BMW und Daimler doch schon verloren zu haben schienen, in den letzten Jahren auf den Weltmarkt zurückkehrten?

Renault reüssierte mit einer geschickten Bündnispolitik mit Nissan und Mitsubishi und schloss völlig überraschend zu den größten Herstellern der Welt, nämlich Volkswagen, Toyota und General Motors, auf. Peugeot gelang das lange undenkbare Kunststück, Opel aufzukaufen und damit als erstes französisches Unternehmen ein deutsches zu schlucken. Kartellvorwürfe gegenüber französischen Herstellern hatte es auch noch nie gegeben. Gleichwohl bleibt bei einem Gesamturteil über die französische Autobranche Vorsicht geboten. Manche Experten schließen nicht aus, dass sie ihre Mauscheleien nur besser verstecken als die deutschen.

Wie gut jedoch der Opel-Deal von Peugeot den Franzosen tat, stellte Bundespräsident Frank-Walter Steinmeier schon bei seinem Antrittsbesuch im März 2017 in Paris fest: Endlich würden sich seine Gesprächspartner wieder auf Augenhöhe mit den Deutschen sehen, war der Eindruck des deutschen Präsidenten nach zahlreichen Begegnungen, bei denen die Opel-Übernahme eine wichtige Rolle spielte. Auch Steinmeier benutzte hier den Begriff »auf Augenhöhe«. Er gehört heute auf unselige Art und Weise zur deutschen Sprachweise, auch über Frankreich. Es klingt jedes Mal, als würden die deutschen Eliten großzügig sein, wenn sie sich »auf Augenhöhe« mit den Franzosen sehen. Im wirtschaftlichen Sinne zielt der Begriff darüber hinaus schnell auf ein völlig unsinniges Kräftemessen. Wer produziert mehr Autos? Wer arbeitet länger? Richtig ist jedoch, dass viele konservative Franzosen zu Deutschland als Wirtschaftsmacht geradezu aufschauen. Und dass viele linke Franzosen sich vor der Einführung des deutschen Mini-Job-Systems in ihrem Land fürchten. Konstruktiv ist weder das eine noch das andere.

Unter deutschen Meinungsführern hingegen hat sich die Vorstellung vom reformunfähigen Frankreich durchgesetzt: ein Land, das lieber streikt und demonstriert, als soziale Einschnitte vor- und hinzunehmen.

Das Bild stimmt aber heute nicht mehr. Schon 2010 verfügte Präsident Sarkozy eine Rentenreform, die das Rentenalter von 60 auf 62 Jahre erhöhte. Es gab damals noch große Gegendemonstrationen. Aus Sicht der Gewerkschaften zu Recht, denn die Entscheidung Sarkozys bedeutete eine historische Kehrtwende. Erstmals seit der Volksfront 1936, die den Urlaub für alle einführte, hatte sich eine Pariser Regierung beim Abbau von öffentlichen Sozialleistungen durchgesetzt. Hollande wurde zwei Jahre später auch deshalb gewählt, damit das nicht wieder passiert. Doch schon im Jahr 2014 schwenkte auch er öffentlich auf Reformkurs. Nur fand er dafür in seiner eigenen sozialistischen Parlamentsfraktion keine dauerhafte Mehrheit. So kamen die Reformen ins Stocken und blieben letztlich Stückwerk, doch die Richtung war klar. Das lag auch an dem 2014 neu berufenen Wirtschaftsminister, an Emmanuel Macron.

Macron brachte noch im Herbst 2014 ein neues Gesetz auf den Weg: »Gesetz für Wachstum, Aktivität und Chancengleichheit« nannte es sich umständlich. Doch bald kannten es alle Franzosen unter dem Namen »Loi Macron«. Es war das Gesellenstück des politischen Newcomers.

Auf den ersten Blick beinhaltete es keine revolutionären Veränderungen. Mehr Sonntagsarbeit sollte nun möglich sein und private Fernbuslinien erlaubt werden, die bisher in Konkurrenz zur Bahn verboten waren. Das Notargesetz aus der Zeit Napoleons sollte so geändert werden, dass es für junge Notare leichter sein würde, ihre eigene Kanzlei zu gründen. Auch das Führerscheingesetz sollte entstaubt werden, damit junge Leute schneller ans Steuer kämen. Und Unternehmen würden in Zukunft leichter und günstiger Aktienpakete an ihre Angestellten verteilen können: gut für Start-ups, aber auch gut für Großunternehmen, die damit ihrem Top-Management mehr zu bieten hätten.

Wochenlang verbrachte der Wirtschaftsminister fast jeden Nachmittag und Abend, meist bis ein Uhr nachts, in der Pariser Nationalversammlung. Nach jedem der vielen hundert Änderungsanträge der Abgeordneten ergriff er das Wort. 308 Gesetzesartikel, die am Ende stehenblieben, galt es zu verhandeln. Andere hätten dafür ihre Staatssekretäre geschickt. Doch Macron erkannte seine Chance: Mit einfachen Themen wie Führerschein, Sonntagsarbeit und Buslinien machte er der Öffentlichkeit klar, was Reformieren in Frankreich bedeuten kann. Eben nicht nur Sozialkürzungen, sondern vor allem auch sehr alte Gesetze und Bestimmungen ändern. Die Notarlobby schrie entsetzt auf. Fahrschulen bekamen es mit der Angst zu tun. Die staatliche Eisenbahn SNCF maulte. Zugleich aber fanden sich in der Nationalversammlung Abgeordnete von rechts und links für Neuregelungen zusammmen, weil sie bis ins kleinste Detail in der Nacht miteinander diskutiert hatten. Später siegte dann zwar wieder die Parteilogik, und das gesamte Gesetz musste im Sommer 2015 per Verordnung und Vertrauensabstimmung durchs Parlament gepeitscht werden. Doch da hatte Macron schon seine Reformmethode gefunden: kleine, aber tiefe Einschnitte an vielen Stellen des veralteten Staatssystems. Mit ihr machte er sich als Präsident zwei Jahre später wieder an die Arbeit.

Im Wahlkampf leugnete er die anhaltende französische Wirtschaftskrise nicht. Seit Beginn der internationalen Finanzkrise 2007 hatte Frankreich ein ganzes Jahrzehnt lang an Niedrigwachstum und hoher Arbeitslosigkeit gelitten. »Heute hat sich die Vorstellung von einer permanenten Krise in unseren Köpfen festgesetzt, begleitet von der Angst vor einem unvermeidlichen Abstieg für sich selbst und die Seinen. (…) Wir haben uns an sechs Millionen Arbeitssuchende gewöhnt, an die Verwahrlosung unserer Industrie, an unsere veralteten Institutionen«, schrieb Macron in seinem im Dezember 2016 erschienenen Buch *Revolution*, das ihm nach eigenem Bekunden als Ersatz für ein Wahlprogramm diente.

Nun aber wollte Macron liefern, und zwar nicht zuletzt mit Blick auf Berlin. Denn sein Credo lautete auch im Wahlkampf: Frankreich kann von Deutschland erst eine Vertiefung der Europäischen Union verlangen, wenn es vorher seine Wirtschaft in Ordnung bringt und die Kriterien des europäischen Stabilitätspakts einhält, die seine Vorgängerregierungen regelmäßig unterlaufen hatten. Macrons Ankündigung aber wurde in Berlin alles andere als begeistert aufgenommen. Man ahnte:

Was der Mann anfasst, könnte ihm gelingen. Und würde das die deutsche Politik eines Tages nicht womöglich in Zugzwang bringen?

Eine im Mai 2017 hastig eingerichtete deutsch-französische Arbeitsgruppe zum Thema EU-Vertiefung zwischen Pariser Wirtschafts- und Berliner Finanzministerium schien jedenfalls am deutschen Widerstand schnell auf Granit zu stoßen. Zumindest in Paris dachten die Berater Macrons: Schäuble wehrt sich!

Und doch sah es im Sommer 2017 so aus, als könnte niemand Macron stoppen. Er hatte da bereits ein ausgefeiltes Programm zum Umbau von Wirtschaft und Staat vorgelegt – mit vielen kleinen schmerzhaften Einschnitten.

Die Experten waren begeistert: »Macron plant einen Blitzkrieg gegen die Arbeitslosigkeit«, kommentierte der für gewöhnlich sehr geschichtsbewusste Pariser Ökonom Elie Cohen. Er fragte bei unserer ersten Begegnung in einem Café gegenüber dem alten Hotel Lutetia in Paris, das gerade umgebaut wurde, ob ich wüsste, wo wir uns befänden. Ich wusste Gott sei Dank die Antwort: gegenüber dem ehemaligen Gestapo-Hauptquartier von Paris.

Cohen war noch bis vor kurzem Wirtschaftsprofessor an der Elitehochschule ENA gewesen, die auch Macron besucht hatte. Er hätte dort sein Lehrer sein können. Jetzt aber war Cohen, der zu Frankreichs bekanntesten Ökonomen zählt und jahrelang nicht müde wurde, liberale Reformen anzumahnen, begeistert vom ENA-Absolventen Macron. Allem voran von seiner Arbeitsmarktreform. Sie ist tatsächlich ein typisches Macron-Projekt. 3000 Seiten französischer Arbeitsgesetzgebung würden damit zu einem großen Teil obsolet. Denn fast alles dürfte neuerdings in Unternehmen verhandelt werden. »Umkehr der Normen«, lautet das Reformkonzept. Bisher galt: Entscheidungen auf höheren Ebenen wie Wirtschaftsbranche, Region oder Nation gehen vor. In Zukunft soll gelten: Entscheidungen auf unteren Ebenen, vor allem im einzelnen Unternehmen, zählen mehr. Damit will Macron praktisch die 35-Stunden-Woche außer Kraft setzen, ohne das Arbeitszeitgesetz zu ändern. Auch Einstellungen und Entlassungen werden damit erleichtert. Denn die Unternehmen dürfen – vorausgesetzt eine Mehrheit der gewerkschaftlichen Belegschaftsvertreter stimmt zu – nun ganz allein über ihre Arbeitszeiten und neue Stellen entscheiden. Der große französische Wandel soll sich also in Zukunft im Stillen, im sozialen Dialog jeder Firma, vollziehen und nicht wie früher mit Streiks und Demonstrationen auf großer Bühne.

So hofft Macron, die hohe Arbeitslosigkeit zu reduzieren. Als ihre Hauptursache sahen liberale Ökonomen wie Cohen stets einen überregulierten Arbeitsmarkt, der den Unternehmen Neueinstellungen besonders schwermacht. Allerdings hielten die meisten Franzosen von der Reform nichts, wie Umfragen auch noch im Sommer 2017 zeigten – obwohl sich Macron im Wahlkampf deutlich auf die geplanten Veränderungen festgelegt hatte. Die Menschen fürchten, danach ihren Chefs ausgeliefert zu sein. Der Präsident setzt dagegen auf einen Kulturwandel. Patrons und Gewerkschaften sollen endlich begreifen, dass sie in einem Boot sitzen, und die gerne mal aufmüpfigen Franzosen sollen sich mehr mit ihrem Unternehmen identifizieren.

Saïd Ahmada ist überzeugt, dass viele seiner Landsleute schon so denken. Er ist einer der neuen Pariser Parlamentsabgeordneten in Macrons Partei und kommt aus den unruhigen Arbeitervorstädten im Norden Marseilles. »Die Leute haben alle kapiert, dass es den alten Gegensatz zwischen Kapital und Arbeit nicht mehr gibt, dass man gerade im Kleinunternehmen zusammenhalten muss.« Damit spielte auch Ahmada auf die Besonderheiten der französischen Unternehmensstruktur an. Doch es gibt noch den öffentlichen Dienst in Frankreich: Lehrer, Studenten und Eisenbahner, die alle schon mal das Land lahmlegten, weil man ihnen etwas wegnehmen wollte.

Macron begegnet ihnen, indem er an allen Fronten gleichzeitig angreift, immer im Kleinen, immer ohne große Diskussion. Das Ziel ist hochgesteckt: Die »veralteten Institutionen« sollen kleiner und effizienter werden. Von 56 Prozent des Bruttosozialprodukts soll die französische Staatsquote innerhalb von fünf Jahren auf 53 Prozent fallen. Das bedeutet Ausgabenkürzungen des Staates von mehr als 220 Milliarden Euro im gleichen Zeitraum. Nicht so einfach, doch Macron versucht, es möglichst schmerzfrei hinzubekommen.

120 000 Stellen sollen in fünf Jahren im öffentlichen Dienst abgebaut, das Gesamtvolumen aller Löhne auf heutigem Niveau eingefroren werden. Damit muss niemand vor der Rente den Dienst quittieren, einige Dut-

zend Milliarden werden trotzdem gespart. Es ist der Versuch, das Nötige zu tun, aber die Leute damit nicht auf die Straße zu treiben.

Auch die große, immer wieder aufgeschobene Staatsreform will Macron auf die sanfte Tour, Dorf für Dorf, Stadt für Stadt, und nicht auf Befehl von Paris mit einem Streich durchführen. Es geht darum, dass Frankreich zu viele, teure, ineffiziente Verwaltungsebenen hat: Dorf, Stadt, Département, Region, Zentralstaat. Viele Milliarden könnten hier eingespart werden. Die Region Lyon zum Beispiel hat jetzt alle Ebenen unterhalb des Zentralstaats zusammengefasst und neu, ohne Überlappungen, durchorganisiert. Das gilt als vorbildlich, möglichst viele sollen diesem Beispiel folgen. Aber nicht indem etwa alle Départements abgeschafft werden – das wurde von Experten lange empfohlen, ließ sich aber gegen die vielen Politiker und Honoratioren auf Départements-Ebene nicht durchsetzen. Stattdessen soll jedes Dorf und jede Stadt nun seine eigene Lösung finden. Durchaus auf Druck von Paris, aber nicht mit spezifischen Vorgaben aus der Hauptstadt. Ein in Frankreich bisher unerprobtes Modell: Wieder setzt Macron auf kleine Schritte, nicht auf den großen Wurf.

Es bleiben die auch im europäischen Vergleich dramatisch hohen Sozial- und Rentenausgaben: mehr als 700 Milliarden Euro im Jahr, 31 Prozent des Bruttosozialprodukts. Sie belasten auch die Großunternehmen. Macron will die Regeln so ändern, dass sich auf lange Sicht Geld sparen lässt – zum Beispiel mit einem neuen Rentenbemessungssystem. Bisher gibt es in Frankreich

38 verschiedene Bemessungsarten, je nach Status und Beruf. Ab 2019 soll es für die unter 55-Jährigen nur noch eine Bemessungsart für alle Einzahler in die staatliche Rentenkasse geben. Vorbild ist hier Schweden. Dann fallen zum Beispiel Sonderkonditionen für Lokführer weg, die bisher schon ihre volle Rente nach 25 Beschäftigungsjahren erhielten. Werden die dann wie früher erfolgreich streiken? Vermutlich nicht, weil Macron ein Bewusstsein für die Notwendigkeit des Umbaus geschaffen hat.

Einen kleinen, aber vielleicht entscheidenden Eingriff plant der neue Präsident auch beim Arbeitslosengeld: Wer zweimal ein seiner Ausbildung angemessenes Jobangebot ausschlägt, wird in Zukunft nicht mehr unterstützt. Damit soll der Missbrauch einer der weltweit großzügigsten Regelungen – bis zu drei Jahre wird in Frankreich Arbeitslosengeld gezahlt – radikal gestoppt werden. Wiederum ohne aufwendige Gesetzesänderung. Der Arbeitsrechtsexperte Gilbert Cette von der Universität Aix-Marseille erhofft sich davon einen beträchtlichen Effekt in Frankreich: »Die Leute bekommen dann ihr Geld nicht mehr automatisch.«

Möglichst unbemerkt will Macron den Armen nehmen und den Reichen geben. Denn vorgesehen war ab 2018 die Senkung der Kapitalertragssteuer, die heute bis zu 62 Prozent reicht, auf pauschal 30 Prozent. Damit das Kapital nicht weiter das Land verlässt. Außerdem sollen die Vermögenssteuer in eine reine Immobiliensteuer verwandelt werden und die Gewinnsteuern innerhalb von fünf Jahren von 33 auf 25 Prozent fallen.

»Macrons Mut ist der Mut zu investieren«, sagte Cohen, der die Meinung vertritt, dass Frankreich seit Jahren Investoren aller Art aufgrund zu hoher Steuern und Sozialabgaben verprellt hat. Kritiker aber sprachen von purem Thatcherismus. »Macron bereitet einen sozialen Staatsstreich vor«, warnte Jean-Luc Mélenchon, Führer der linken Opposition im Parlament. Auch der französische Spitzenökonom Olivier Blanchard, bis 2015 noch Chef-Volkswirt des Internationalen Währungsfonds, äußerte Zweifel, ob die liberalen Arbeitsmarktreformen des neuen Präsidenten tatsächlich die Arbeitslosigkeit reduzieren würden. Dagegen verteidigte Blanchard die Ausgaben- und Steuerkürzungen Macrons als notwendig für mehr Wachstum.

An dieser Debatte sind deutsche Politiker und Ökonomen nicht unbeteiligt. Es ist weltweit unter Experten heftig umstritten, ob der liberale Reformweg als Antwort auf die überdehnten Staatsfinanzen westlicher Länder seit der Krise 2007 die richtigen Antworten gibt.

Emmanuel Todd opponiert seit Jahren dagegen: »Heute drucken die Japaner Geld, um aus der Krise zu kommen. Die Amerikaner machen es, ja sogar die Schweizer. Aber Frankreich hat seine geldpolitische Unabhängigkeit verloren. Im Eurosystem ist keine andere Politik als die jetzige mehr möglich. Das aber ist das Ende der Politik, das Ende der Demokratie«, warnte Todd schon 2014. Er stellte sich damit auf die Seite der Eurogegner in Frankreich, zu denen auch die Rechtsextremistin Marine Le Pen im Wahlkampf 2017 zählte. Die Wähler bestraften sie dafür. So sehr, dass sie nach ihrer Wahlniederlage sofort damit begann, ihre Eurogegnerschaft zurückzunehmen, um für die nächste Wahl vorzubauen. Doch damit war die wirtschaftspolitische Auseinandersetzung um den Euro in Frankreich nicht beendet. Denn Todds Forderung nach einer anderen Geldpolitik in der Eurozone ist kaum einem französischen Wirtschaftspolitiker fremd.

Das gilt auch für den Kapitalismuskritiker Thomas Piketty, den heute wohl bekanntesten französischen Ökonomen in Deutschland und der Welt. In Frankreich selbst ist der liberale Wirtschaftsnobelpreisträger Jean Tirole aus Toulouse sicher ebenso bekannt, aber Tirole denkt eher konform mit dem Rest der Wirtschaftswelt. Piketty ist dagegen ein Aufrührer, ein Superstar, einer, der sich alles leisten kann. Sogar Kritik an Deutschland!

Fast jeder, der heute ernsthaft über Globalisierung diskutiert, kennt sein Werk *Das Kapital im 21. Jahrhundert*, dessen französische Originalausgabe im August 2013 erschien. Es war die bislang beste Antwort des digitalen Zeitalters auf Karl Marx. Als Wirtschaftsmathematiker der Extraklasse zeigte Piketty mit den Mitteln von Big Data, wo Marx Recht hatte. Nämlich dass der Kapitalismus systembedingt zu immer größerer Ungerechtigkeit neigt, wenn er nicht durch Politik oder Kriege korrigiert wird. Sein Buch schlug in den USA besonders große Wellen, weil dort die Politik die Wirtschaft noch weniger kontrolliert als in Europa. Aber es verursachte auch in Frankreich und Deutschland Aufsehen. Sogar China diskutierte Piketty. Er hatte wieder mal die Grundsatzfragen des Kapitalismus gestellt: Reicht der westliche Sozialstaat, um der Ungerechtigkeiten Herr zu werden? Kann die Politik die Wirtschaft vor der Selbstzerstörung retten?

Piketty wirkte bei unserer ersten Begegnung im Sommer 2014 in seinem kleinen Studierzimmer an der Pariser Wirtschaftsuniversität *Paris School of Economics* wie ein junger Doktorand, der selbst noch über seinen Erfolg staunte. Doch wie es ihm gelang, die Menschen weltweit in den Bann seiner auf den ersten Blick so trocken wirkenden Forschungsarbeit zu ziehen, die die Grundlage seines Buches war, hatte etwas Urfranzösisches. Er verstand sich eben nicht nur als Wirtschaftsmathematiker, sondern als traditioneller Intellektueller und Linker. Und als solcher tut man eben für die Revolution, was man kann. Punkt. Weiterer Erklärungen bedurfte es nicht. Auch nicht als er im Herbst 2016 in das aussichtslose Wahlkampfteam des Sozialisten Benoît Hamon einstieg. Niemand konnte da von Piketty überrascht sein. Typen wie er kennen eben keine Kompromisse. Die kannte Marx in seiner Sache früher auch nicht.

Das aber kennzeichnet die französische Wirtschaftsdebatte bis heute und unterscheidet sie von der deutschen: Sie kennt weiterhin eine grundsätzliche Kapitalismuskritik, wie auch bei Alain Finkielkraut. Wirtschaftlicher Erfolg hat in Frankreich immer noch einen Makel. Macron will das ändern, aber es wird nicht so schnell funktionieren. Denn die Vorstellung, dass Wirtschaft etwas mit Ausbeutung zu tun hat und nicht nur eine Sache des Tüchtigen ist, sitzt in Frankreich tief; denn sie ist nicht falsch, die Wirklichkeit bestätigt sie täglich – auch das belegt Piketty in seinem Weltbestseller.

Aus Sicht deutscher Ökonomen erscheint das oft als die große französische Naivität, die zum Beispiel zur 35-Stunden-Woche geführt hat. Frankreich hat aus ihr wirklich wenig Vorteil gezogen. Sie wurde im Jahr 2002 endgültig eingeführt, wenige Jahre vor der internationalen Finanzkrise 2007. Auch deshalb zog kein anderes Land nach. Die Folge war, dass sie ein französisches Alleinstellungsmerkmal blieb und alle denkbaren Klagen von Unternehmerseite rechtfertigte. Egal, ob im Einzelfall begründet oder nicht.

Piketty und die 35-Stunden-Woche aber sind nur zwei Beispiele dafür, dass Frankreich in Wirtschaftsfragen gerne mal Neuland betritt oder zumindest grundsätzlich über sie streitet, statt sich nur möglichst effektiv dem großen Fluss der Globalisierung anzupassen. Darin aber erscheinen heute die Deutschen mit ihrem gigantischen Handelsbilanzüberschuss als unumstrittener Weltmeister. Wie also beide Seiten zusammenführen?

Macron stellt sich genau dieser Aufgabe. Er will den Franzosen einerseits mit dem guten deutschen Beispiel vor Augen schlechte Marotten austreiben, wie sein Angriff auf das Arbeitsrecht und die 35-Stunden-Woche belegt. Andererseits ist auch er nicht frei von einem wirtschaftspolitischen Gestaltungsanspruch, vor dem vielen deutschen Wirtschaftspolitikern traditionell graust. Für Macron geht es dabei vor allem um eine wirtschaftspolitische Neuordnung für Europa. Er will das Eurosystem nicht abschaffen, aber er will es von innen heraus strukturell verändern.

Hier greift – nun vor dem Hintergrund der Reformen Macrons – der alte wirtschaftspolitische Streit zwischen Frankreich und Deutschland von Neuem. Es ist ein ideologischer Streit, auf dem das deutsche Überlegenheitsgefühl in Sachen Wirtschaft schwer lastet. Denn der Stärkere hat nicht immer Recht. Aber vielleicht hilft ja die Macron-Agenda tatsächlich, den Konflikt zu entschärfen und vorab Vertrauen zu stiften.

Es geht dabei immer noch um Ordoliberalismus kontra Keynesianismus. Es geht um deutsch-föderale Ordnungspolitik kontra französische, interventionistische Staatspolitik. Es geht um den Glauben an die Märkte wider den Glauben an den Staat.

Hilfe! Man will diesen ewigen Streit an dieser Stelle nicht noch einmal austragen. Aber er ist noch immer aktuell. Er ist möglicherweise der gordische Knoten der deutsch-französischen Beziehungen. »Traditionell verhaken sich Deutschland und Frankreich immer wieder, wenn es um die Kernfragen von Souveränität und die Rolle des Staates geht«, warnte Stefan Kornelius in der *Süddeutschen Zeitung* auf dem Höhepunkt der ersten Mercron-Begeisterung.

Elie Cohen hat den Streit lange und in vielen wissenschaftlichen Untersuchungen analysiert. Im Café *Select* in Paris, in dem früher auch Sartre und de Beauvoir verkehrten, berichtete er, wie sehr er sich bei der Bewertung des deutsch-französischen Wirtschafts(ideologie)-

streits über die Jahre hinweg getäuscht hätte. Als auf die internationale Finanzkrise zunächst die Eurokrise folgte, war er davon ausgegangen, dass der größte Teil der Verantwortung dafür im Vertrauensverlust in die USA lag. Das stimmte aber nicht. Etwas später war Cohen dann der Auffassung, dass die lange Zeit unentschlossene Politik der Europäischen Zentralbank die Eurokrise erst so richtig in Gang gebracht hätte. Doch je größer der Abstand zu den Ereignissen wurde, desto mehr reifte in Cohen die Überzeugung, dass die Glaubwürdigkeit des Euro weltweit letztlich eine rein deutsch-französische Frage sei: Solange die zwei wichtigsten Führungsmächte der Eurozone ganz unterschiedliche währungs- und wirtschaftspolitische Vorstellungen hegten – vom Grad der Unabhängigkeit ihrer Zentralbank und vom Grad staatlicher Einmischung in die Wirtschaft –, sei der Euro nicht sicher, sagte Cohen.

Macron aber bleibt ein guter Schüler Cohens. Er will das Problem lösen: mit einem Euro-Finanzminister, mit einem Euro-Budget und mit einem Euro-Parlament, vor dem Franzosen und Deutsche ihren Streit austragen können, aber in dem am Ende die europäische Mehrheit entscheidet.

Genau davor aber fürchten sich viele deutsche Politiker, weil sie mit ihrem Ordoliberalismus in Europa nicht allzu viele Verbündete haben. Skeptisch sind letztlich vor allem die exportstarken Länder wie Deutschland, die von einem größeren europäischen Haushalt nur höhere Kosten und keine zusätzlichen Einnahmen erwarten.

Doch welche andere Lösung als die Demokratie gibt es? Hier kommen auch wieder die grundsätzlichen verfassungspolitischen Erwägungen eines Jürgen Habermas für Europa ins Spiel. Macron teilt sie weitgehend. Ein Joschka Fischer auch. Habermas sagt im Kern: Ohne mehr Demokratie innerhalb der Eurozone und der Europäischen Union geht es nicht. Die Entscheidungen im Europäischen Rat der Regierungschefs haben aus verfassungstheoretischer Sicht, da sie nicht unmittelbar von einem Parlament kontrolliert werden, etwas zutiefst Undemokratisches.

Also soll der europäische Finanz- oder Wirtschaftsminister, den Macron mit so viel Leidenschaft fordert, den Anfang machen. Er soll der europäischen Demokratie endlich Beine machen, echte Macht und ein möglichst großes Budget besitzen und doch nur den europäischen Wählern verpflichtet sein.

Will auch Merkel – entgegen ihren bisherigen Überzeugungen – diesen Weg gehen? War ihre Rede im Truderinger Bierzelt der Wendepunkt in diese Richtung? »Wir werden Sie da noch sehr überraschen!«, lautete ihre Antwort, als sie nach dem deutsch-französischen Ministerratstreffen im Juli 2017 in Paris in einer gemeinsamen Pressekonferenz mit Macron vom Pariser Korrespondenten des *Handelsblatts*, Thomas Hanke, nach ihrer Haltung zur Zukunft der Eurozone befragt wurde, und überraschte damit ihrerseits. Macron war über die Antwort sehr erfreut: »Die Zeit für die Neugründung Europas ist für uns alle eine Notwendigkeit«, fügte er den Worten der Kanzlerin zum Ende der Pressekonferenz hinzu.

Klar war die Botschaft aber noch immer nicht: Eine Zeit für eine Neugründung voller Überraschungen? Das Doppel Mercron betrieb hier kryptische Ankündigungspolitik. Auf solche Spielchen hatten sowohl de Gaulle und Adenauer als auch Giscard und Schmidt stets verzichtet.

9. KAPITEL

Gerade noch mal gutgegangen

Der Umgang mit der Flüchtlingskrise ist kein Modell für die Zukunft

Im Spätsommer 2015 läutete die deutsche Bundeskanzlerin eine gefährliche Phase zwischen Paris und Berlin ein. Ihre im Alleingang beschlossene und eher beiläufig verkündete Kehrtwende in der deutschen Flüchtlingspolitik hätte zu einem Bruch in der deutsch-französischen Freundschaft führen können. Wohl an keinem anderen Beispiel der letzten Jahre zeigt sich die neue Distanz der deutschen Politik zu Frankreich so deutlich wie in der Flüchtlingskrise jenes Jahres.

Immer wieder hörte man damals auf beiden Seiten des Rheins, dass Merkels Flüchtlingspolitik »mutig« wäre. Darüber soll hier kein Urteil gefällt werden. Es geht vielmehr darum, im Rückblick zu zeigen, wie Berlin und Paris in der Krise ihr Verhältnis auf die Probe stellten und damit den »Motor Europas« ins Stottern brachten. Wobei aus heutiger Sicht deutlich wird, dass zur Zeit der Flüchtlingskrise kaum jemand deren potenzielle Tragweite für das deutsch-französische Verhältnis erkannte.

Alles nahm seinen Anfang mit dem berühmten Satz der Bundeskanzlerin: »Wir haben so vieles geschafft – wir schaffen das!«, den sie am 31. August 2015 auf ihrer Sommerpressekonferenz in Berlin sagte. Gemeint war die Aufnahme von Flüchtlingen, die bereits seit Wochen über die sogenannte Balkanroute nach West- und Nordeuropa kamen, um hier ihr Heil vor dem Bürgerkrieg in Syrien zu finden. Die Kanzlerin wurde deutlich: »Die universellen Bürgerrechte waren bislang eng mit Europa und seiner Geschichte verbunden. (…) Versagt Europa in der Flüchtlingsfrage, geht diese enge Bindung verloren.«

Es waren Sätze, welche die europäischen Partner, allen voran den französischen Staatspräsidenten François Hollande, in ihrer Vehemenz unvorbereitet trafen. Mit einer solchen Wende der deutschen Politik hatte im Élysée niemand gerechnet. Nur eine Woche zuvor hatten Hollande und Merkel noch am Rande eines gemeinsamen Treffens in Berlin routinemäßig Einigkeit in der Flüchtlingsfrage demonstriert. Man appellierte an eine gerechtere Verteilung der Asylbewerber auf alle Staaten der Europäischen Union. »Ich weiß, was es für Deutschland und in geringerer Form auch für Frankreich bedeutet, diese Flüchtlinge aufzunehmen. Die Verantwortung kann nicht einem einzelnen Land überlassen werden«, sagte Hollande am 24. August 2015 in Berlin.

Dabei hatte Frankreichs Präsident schon gute Miene gemacht und Meinungsverschiedenheiten in der Flüchtlingsfrage zurückgestellt. Bereits seit Wochen hatten sich französische und deutsche Unterhändler darüber gestritten, wie eine Verteilung der dramatisch steigenden Zahl der Asylbewerber konkret funktionieren könne. Deutschland pochte auf eine Quotenlösung, die für Frankreich außer Frage stand. Premierminister Manuel Valls hatte Flüchtlingsquoten vor der französischen Nationalversammlung zuvor als »moralischen und ethischen Fehler« abgetan. Die französische Position war also bekannt. Doch die deutsche Kanzlerin jonglierte. »Es gibt noch viele Fragen im Detail zu klären. (…) Ich bin ganz optimistisch, dass wir hier in absehbarer Zeit zu einer gemeinsamen deutsch-französischen Position kommen können«, sagte sie am 19. Mai 2015.

In der Folgezeit konnten sich Frankreich und Deutschland jedoch nicht auf eine Lösung einigen, geschweige denn eine europäische Einigung herbeiführen. Daran änderten auch die monatlichen Gipfeltreffen und der im Sommer 2015 getroffene Kompromiss, 60 000 Flüchtlinge »auf freiwilliger Basis« verteilen zu wollen, nichts.

Das war also die Folie, vor der Merkel den deutschen Kurs änderte: »Wir schaffen das, und dort, wo uns etwas im Wege steht, muss es überwunden werden, muss daran gearbeitet werden«, sagte die Kanzlerin auf ihrer Sommerpressekonferenz. Fast im Vorbeigehen erwähnte sie Frankreich: »Deutschland und Frankreich [haben] ein sehr hohes Maß an Übereinstimmung hinsichtlich der nächsten Schritte.« Glaubte sie wirklich, was sie da sagte?

Immerhin: In den folgenden Wochen kommunizierten die deutsche Kanzlerin und der französische Präsident noch intensiver als sonst. Sie telefonierten alle zwei, drei Tage. Hollandes Europa-Berater Philippe Lé-glise-Costa berichtete mir später davon. Er stand in dieser Zeit im ständigen Kontakt mit Uwe Corsepius, dem Europa-Berater Merkels.

Anfang September kam es zu einem ersten Telefonat zwischen Hollande und Merkel über die Folgen des »Wir schaffen das«. Aus Sicht der Kanzlerin klang das Ergebnis so: »Wir sind uns hier einig, (…) dass wir (…) verbindliche Verteilungsquoten brauchen, um uns die Aufgaben zu teilen.« Gleich dreimal war sie während einer Pressekonferenz im schweizerischen Bern am 3. September »sehr froh«, dass Deutschland und Frankreich eine gemeinsame Position in der Flüchtlingsfrage hätten. Hollande berichtete am Nachmittag im Élysée deutlich zurückhaltender von dem Gespräch. Deutschland und Frankreich hätten sich schlicht auf einen »dauerhaften und verpflichtenden Mechanismus« für die Aufnahme von Flüchtlingen geeinigt. Ein Vorschlag, der zwei Wochen später beim Treffen der EU-Innenminister scheiterte.

Für einen ersten Höhepunkt der Flüchtlingskrise, den die deutsche Presse wenig später als »zweiten Mauerfall« bezeichnen sollte, sorgte Merkels Entscheidung am 4. September 2015, die Flüchtlinge, die am Budapester Ostbahnhof ausharrten, nach Deutschland zu lassen. Unvergessen sind die Szenen, die sich in den darauffolgenden Tagen am Münchner Hauptbahnhof abspielten. Zahlreiche Bürger strömten immer wieder zur Ankunft der als »Sonderfahrt« deklarierten ÖBB-Züge am Rande der Bahnhofshaupthalle. Sie brachten Essen und Kleidung für die Flüchtlinge mit, Stofftiere für deren Kinder. Sie nahmen die aus den Zügen steigenden Flüchtlinge mit Applaus in Empfang. Bei der Ankunft des ersten Zuges aus Budapest – es war Samstagabend, kurz nach 18 Uhr – hing ein Banner »Welcome to Munich« in der Haupthalle, davor stand Münchens Oberbürgermeister Dieter Reiter. Später soll Reiter gesagt haben: »Wenn man die glücklichen Gesichter (der Kinder) sieht, weiß man, dass wir richtig handeln.«

Am nächsten Morgen bemühte sich Kanzlerin Merkel, einen Teil der ankommenden Flüchtlinge auf europäische Verbündete zu verteilen. Corsepius rief sein Gegenüber Léglise-Costa an und bat um Hilfe. Zwei Stunden später, beim Mittagessen mit seinen Beratern im Élysée-Palast, stimmte François Hollande ohne Zögern zu, dass Frankreich kurzfristig tausend Flüchtlinge aus Budapest aufnehmen würde. Aber war das ein Zugeständnis an die Kanzlerin? Eine Geste des guten Willens im schwelenden Streit? Oder war es eine versteckte Ablehnung, weil es eigentlich nicht um tausend, sondern Zigtausende von Flüchtlingen ging? In jedem Fall war es eine Entscheidung, die sich während der gesamten Flüchtlingskrise nicht wiederholte. Es zeigte sich also schon früh, dass eine gemeinsame Bewältigung der Krise schwierig sein würde.

In der französischen Presse nahm man den deutschen Alleingang und das erste »heiße« Wochenende der Krise gemischt auf. Die linksliberale Tageszeitung *Le Monde* urteilte am 1. September 2015: »Deutschland hat in den vergangenen Wochen die politische und moralische

Führungsrolle in dieser Krise übernommen.« Eine Woche später lobte *Le Monde* im Leitartikel die Kanzlerin für ihren Alleingang, ohne ihn als solchen zu bezeichnen. Frei nach Max Weber sei es ihr gelungen, »Verantwortungs- und Gesinnungsethik miteinander zu vereinen«, sodass sie »an diesem Tag der Stolz Europas« sei. Auch der konservative *Figaro*, der sich schon bald zur führenden Stimme der Kritik gegen die deutsche Kanzlerin wandeln würde, schrieb anfangs noch ungemein pro-Merkel. Auch hier war die Rede davon, dass Merkel »die Ehre Europas« gerettet hatte. Dabei durfte man jedoch nicht übersehen, dass die Bewunderung für Merkel mit einer direkten oder indirekten Kritik an der Schwäche des eigenen Präsidenten einherging. »Man muss ihr anrechnen, dass sie die Freiheit und die Menschenwürde hochgehalten hat, die Frankreich nicht länger verkörpert«, schrieb der *Figaro* am 7. September 2015.

War ganz Frankreich mit einem Mal auf einer Linie mit der deutschen Bundeskanzlerin? Mitnichten. Schnell kam der Hinweis, man dürfe Merkels Haltung auf keinen Fall moralisch erklären. Nein, die Entscheidung sei vor allem den wirtschaftlichen und demografischen Interessen Deutschlands geschuldet. »Deutschland hat keine Wahl«, war sich der konservative Essayist Jean-Louis Thiérot noch im September 2015 sicher. Er lieferte damals schon die Munition für den späteren Wahlkampf Marine Le Pens.

Dabei wiesen führende Politiker in Frankreich bereits am Anfang der Flüchtlingskrise darauf hin, welche Bewährungsprobe nun für das deutsch-französische Verhältnis bevorstehen würde. Die prominenteste Stimme war Hollandes Vorgänger Nicolas Sarkozy. »Man sieht hier, wie stark doch das deutsch-französische Paar durch die fehlende Präsenz François Hollandes aus dem Gleichgewicht gekommen ist«, analysierte Sarkozy in einem Zeitungsinterview am 9. September 2015. Er war sich sicher, dass nur eine vorübergehende Grenzschließung und die Neuverhandlung des Schengen-Abkommens die Krise beilegen könnte. Auch Sarkozys letzter Außenminister, Alain Juppé, bemängelte in den ersten Krisenwochen den fehlenden Elan zwischen Hollande und Merkel: »Frankreich, dem es an der notwendigen Glaubwürdigkeit mangelt, ergreift zusammen mit Deutschland nicht die Initiativen, welche der [Europäischen] Union den Weg zeigen könnten.« Ähnliche Stimmen fehlten in diesem historischen Moment in Deutschland: Frankreich war den politischen Akteuren schlicht nicht wichtig genug. Es spielte für sie keine Rolle.

Dabei wusste man im Berliner Kanzleramt durchaus, was man den französischen Partnern zumutete: Denn Premierminister Manuel Valls hatte seit dem 31. August intern gegen die Entscheidung Merkels rebelliert. Das schilderte mir später Léglise-Costa. Valls vertrat auch jetzt eine harte Linie gegenüber den Flüchtlingen. Alles andere würde nur dem Front National nützen, argumentierte er im Regierungskreis. Doch nichts davon drang damals an die Öffentlichkeit. Denn Hollande war das Bündnis mit Berlin wichtiger, und er wollte es unbeschädigt wissen. Zumindest stellte es sein Berater später so dar.

Am 13. September 2015 aber zerbrach dann noch mehr deutsch-französisches Porzellan. Merkel änderte ein weiteres Mal ohne Vorankündigung ihren Kurs. Am frühen Abend ließ sie ihren Innenminister Thomas de Maizière verkünden: »Deutschland führt in diesen Minuten wieder Grenzkontrollen an den Binnengrenzen ein.« Die Entscheidung sei »ein Signal an Europa«, sagte de Maizière und präzisierte: »Deutschland stellt sich seiner humanitären Verantwortung. Aber: Die mit der großen Zahl von Flüchtlingen verbundenen Lasten müssen innerhalb Europas solidarisch verteilt werden.«

Ein Signal, das in Paris zwei Tage später über die Parteigrenzen hinweg kritisch aufgenommen wurde. Von einem »sehr beunruhigenden Signal« sprach der spätere sozialistische Präsidentschaftskandidat Benoît Hamon. Der sozialistische Abgeordnete Malek Boutih, ein Vertrauter von Premierminister Valls, kritisierte: »Die deutsche Regierung und Frau Merkel haben einen schweren Fehler gemacht, indem sie im Alleingang Flüchtlinge angelockt haben.« Boutih ging mit der Kanzlerin hart ins Gericht: »Frau Merkel ist zur Verbündeten von Marine Le Pen geworden.« Selbst der damalige französische Innenminister Bernard Cazeneuve brachte nicht mehr als eine technisch-juristische Erklärung für die jüngste deutsche Entscheidung über die Lippen. Der oppositionelle Senatspräsident Gérard Larcher stellte kritisch fest: »In nur zwei Wochen hat man in Deutschland dem Dublin-Verfahren und dem Schengen-Abkommen ein Ende gesetzt.«

Die Stimmung in Frankreich war gekippt. Die Kenner der deutsch-französischen Szene verstanden plötzlich die Welt nicht mehr. Der langjährige Berlin-Korrespondent und nunmehr stellvertretende Chefredakteur von *Le Monde*, Arnaud Leparmentier, hatte wenige Tage zuvor die Kanzlerin noch über den grünen Klee gelobt und explizit dafür geworben, den deutschen Hilferuf in Sachen Flüchtlinge nicht tatenlos zu ignorieren. Nun aber kritisierte auch er die »unangefochtene Chefin Europas«, die sich wie ein »neuer Bismarck« verhalte, sodass ein »Ende des Europas nach deutschem Muster« in Sicht sei. Einer der damaligen Präsidentschaftsanwärter der Opposition, der heute Macron als Wirtschaftsminister dienende Bruno Le Maire, nahm Berlin und Paris gleichermaßen in die Verantwortung: »Es ist ein Drama, dass sich François Hollande von Angela Merkel hat ins Schlepptau nehmen lassen«, sagte er in einem Interview mit der katholischen Tageszeitung *La Croix*.

Es stand jetzt nicht mehr gut zwischen Paris und Berlin. Ende September wagte Premierminister Valls erstmals einen Bruch mit der Linie Hollandes: In einer beliebten Talksendung des Fernsehsenders *France 2* betonte er, dass Frankreich lediglich 30 000 Flüchtlinge in den folgenden zwei Jahren aufnehmen könne. Damit befand er sich zwar noch auf offiziellem Kurs: Eine solche Quote von 30 000 Flüchtlingen hatten Hollande und Merkel zuvor abgesprochen. Valls schloss aber weitere Schritte explizit aus. Er sprach von 30 000 Flüchtlingen als einer Art Obergrenze. Europa könne nicht alle Flüchtlinge aufnehmen, sagte er. Damit setzte er sich unmissverständlich von der deutschen Politik ab. Hunderttausenden Menschen eine neue Heimat zu bieten, das wäre eben nicht drin. Das würde nur dem Front National Wähler in die Hände spielen. Valls geriet richtig in Fahrt. Und er war immerhin der zweite Mann in Paris. Erstmals drohte ein offizielles Zerwürfnis zwischen Frankreich und Deutschland in der akuten Krise. Das merkten nun auch die Regierungschefs.

Kurz darauf versuchten Hollande und Merkel die Sache wieder ins Reine zu bringen: Am 7. Oktober 2015 traten sie vors Europäische Parlament in Straßburg. Der letzte gemeinsame Auftritt eines französischen Präsidenten und eines deutschen Regierungschefs im Hohen Hause Europas lag über 25 Jahre zurück. Mitterrand und Kohl hatten im November 1989 nach dem Fall der Mauer gemeinsam an gleicher Stelle gesprochen. Doch die Geschichte wiederholte sich nicht. Der deutsch-französische Auftritt funktionierte nicht. Medien und Öffentlichkeit nahmen Hollande und Merkel ihre Einigkeits- und Freundschaftsshow nicht ab. Zu groß erschienen ihre Differenzen in der Wirklichkeit der Flüchtlingspolitik. Obwohl Präsident und Kanzlerin richtige und wichtige Worte fanden.

Merkel appellierte an die Solidarität in Europa. Die Flüchtlingskrise mit all ihren Folgen sei »nicht von einigen wenigen Mitgliedsstaaten alleine zu lösen, sondern von allen gemeinsam«. Nur gemeinsam ließen sich die Ursachen von Flucht und Vertreibung bekämpfen, die Außengrenzen sichern und bestehende Regelungen im Interesse aller neu verhandeln. »Wir brauchen mehr denn je den Mut und den Zusammenhalt, den Europa immer gerade dann bewiesen hat, wenn es darauf ankam«, sagte Merkel. »Deutschland und Frankreich sind dazu bereit.« Letzteres aber glaubte ihr keiner mehr. Wenngleich Hollande beipflichtete, es bedürfe einer »echten, gemeinsamen Asylregelung« innerhalb der EU. »Wir müssen uns dazu entscheiden, (…) einen Schritt vorwärtszugehen, anstatt einen Schritt rückwärts, der uns macht- und handlungsunfähig machen würde«, sagte Hollande.

Weder in der deutschen noch in der französischen Öffentlichkeit kamen die Worte von Präsident und Kanzlerin an. Was für die französischen Medien wirklich zählte, war einzig und allein die Verbalattacke von Front-National-Chefin Marine Le Pen, die als Abgeordnete im Europa-Parlament die Bühne nutzte, die ihr Hollande und Merkel an diesem Tag boten. Le Pen bezeichnete Hollande als »Vize-Kanzler, den Statthalter der Provinz Frankreich« – also als Befehlsempfänger Merkels. Sie hatte damit ihr späteres Wahlkampfthema gefunden, dass sie bis hinein in die letzte, entscheidende Wahlkampfdebatte im Fernsehen am 3. Mai 2017 mit Emmanuel Macron regelmäßig reproduzierte. Der antideutsche Tenor Le Pens verfing letztlich nicht. Aber die deutsch-französische Uneinigkeit in der Flüchtlingskrise hatte ihn inspiriert und möglich gemacht. Das zeigt, welches Risiko Paris und Berlin im Herbst 2015 eingingen.

Tatsächlich wurden die Reden Hollandes und Merkels in Straßburg als »Moralstunde« wahrgenommen. So jedenfalls schrieb der *Figaro* und stellte fest: »Das deutsch-französische ›Tandem‹ machte in Straßburg den Eindruck, ins Leere zu treten.«

Gleichzeitig gab es in Frankreich Stimmen, die durchweg für die deutsche Position warben. In einem Beitrag für *Le Monde* schrieb der Essayist Raphaël Glucksmann, Sohn des Philosophen André Glucksmann, am 22. September 2015: »Frankreich erscheint in den Augen der Weltöffentlichkeit als eine müde, von der Außenwelt abgeschottete, von einem latenten Fremdenhass ausgehöhlte Nation. Es ist das glatte Gegenteil des universalistischen Diskurses, den es stets vorgibt zu verkörpern.« Schon unmittelbar nach Merkels Entscheidung, die Flüchtlinge vom Budapester Ostbahnhof nach Deutschland kommen zu lassen, versuchte Nicolas Bavarez, Essayist und Mitglied des arbeitgebernahen Thinktanks *Institut Montaigne*, die Haltung der Kanzlerin zu erklären: »Die Deutschen werden bis zu 800 000 Flüchtlinge aufnehmen. Und Sie fragen sich, was die da machen. Ganz einfach: Sie [die Deutschen] handeln!« Frankreich hingegen sei ein Land, »das von seinen Ängsten, Schwächen und seinem drohenden Zerfall geprägt ist«, schrieb Bavarez und gestand Deutschland zu, nunmehr vor Frankreich das »Land der Menschenrechte« zu sein. Auch das half dem deutsch-französischen Verständnis in der Krise nicht. Im Gegenteil: Es verstärkte die unterschiedlichen Wahrnehmungen.

Das galt auch für die Signale aus der deutschen Zivilgesellschaft an Frankreich. Exemplarisch war die Haltung des Bundesverbandes der Deutschen Industrie (BDI), dem wichtigsten deutschen Arbeitgeberverband.

Bei einem gemeinsamen Forum der beiden großen deutschen und französischen Wirtschaftszeitungen Anfang November in Berlin sagte BDI-Chef Ulrich Grillo: »Wir fühlen uns in diesen Tagen eindeutig von Europa im Stich gelassen. Daher richte ich meinen Appell an unsere europäischen, an unsere französischen Freunde: Wir müssen ganz eng zusammenstehen.« Wann immer ich in diesen Wochen einen Anruf aus der Hamburger *Zeit*-Redaktion erhielt, fragten mich die Kollegen: Warum unternimmt Frankreich nicht mehr? Warum nimmt es nur so wenige Flüchtlinge auf?

Doch Paris und Berlin standen in diesen Tagen nicht eng zusammen. Das zeigte sich auch nach der Pariser Anschlagsserie vom 13. November 2015, bei der 130 Menschen den Tod fanden. Schnell wurden die Anschläge mit der Flüchtlingskrise verknüpft. Als Hollande zwei Tage nach den Anschlägen die Chefs der in der Nationalversammlung vertretenen Parteien zu Einzelgesprächen in den Élysée-Palast lud, trat Marine Le Pen im Anschluss vor die Kameras und sagte: »Unter die Migranten haben sich einige Terroristen eingeschlichen.« Am gleichen Tag hatte sich der bayerische CSU-Finanzminister Markus Söder in einem Zeitungsinterview ähnlich geäußert: »Die Zeit unkontrollierter Zuwanderung und illegaler Einwanderung kann so nicht weitergehen. Paris ändert alles.«

Dagegen warnten Mitglieder der deutschen Regierung davor, sich einem Trugschluss zwischen Terror und Flüchtlingskrise hinzugeben. Aber war es wirklich ein Irrtum? Zumindest einer der Pariser Attentäter war unerkannt über die griechische Fluchtroute aus Syrien nach Frankreich gekommen.

Bereits im August 2015 hatte der langjährige konservative Abgeordnete und Bürgermeister von Nizza, Christian Estrosi, die These aufgestellt, dass unter den »Migranten« auch Terroristen des sogenannten Islamischen Staates seien. »Wir wissen es. Unsere Geheimdienste weisen uns ständig darauf hin.«

Auch Premier Valls vertrat nach den Anschlägen diese Auffassung: »Diese Leute [einige der Attentäter des 13. November] haben von der Flüchtlingskrise profitiert, vielleicht im Moment des Chaos, um sich unterzumischen«, sagte Valls dem Fernsehsender *France 2*. Wenig später berichtete die *Süddeutsche Zeitung* am 24. November 2015 von einem Gespräch Valls' mit europäischen Journalisten. Die Rede war von einem ungewöhnlich rauen Ton, als es um Merkels Entscheidung ging, die Asylregeln der EU – im Klartext das Dublin-Verfahren – vorübergehend außer Kraft zu setzen. »Deutschland hat da eine ehrenwerte Entscheidung getroffen. [Doch] es war nicht Frankreich, das gesagt hat: Kommt!«

Zum unmissverständlichen Angriff des französischen Premierministers auf die deutsche Flüchtlingspolitik kam es dann im Umfeld von Valls' Teilnahme an der Münchner Sicherheitskonferenz im Februar 2016. In einem Vorab-Interview mit den Regionalzeitungen der Funke-Mediengruppe bezeichnete der dem rechten Flügel seiner Partei angehörende Sozialist die deutsche Haltung als »auf Dauer nicht tragbar«. Valls suggerierte, dass Europa die Kontrolle in der Flüchtlingspolitik verloren habe. Ein Journalist von *Le Monde*, der die Deutschland-Reise von Valls begleitete, zitierte den Premier: »Vor einigen Monaten fragten die französischen Medien noch ›Wo ist die französische Merkel‹? Oder sie wollten der Kanzlerin den Nobelpreis verleihen. Heute konstatiere ich die Ergebnisse.«

Auf deutscher Seite hielt man sich mit Kritik an Valls zurück. Im Élysée-Palast verurteilte Hollandes Berater Léglise-Costa das Vorgehen Valls als eigenmächtig. Damit blieb ein Eklat aus, doch die Sache hätte auch anders ausgehen können.

Es war also noch einmal gutgegangen zwischen Paris und Berlin. Die Deutschen waren enttäuscht von ihrem französischen Partner, der wiederum fühlte sich belehrt und vor vollendete Tatsachen gestellt. Beide Seiten hatten den Blues. Doch irgendwie hangelten sich Präsident und Kanzlerin dabei wie bereits in der Griechenland-Krise von Gipfel zu Gipfel. Als Modell für die Krisen der Zukunft aber konnte das nicht dienen.

Der Friedensnobelpreis wurde dann 2015 dem tunesischen Quartett für nationalen Dialog und nicht Angela Merkel verliehen. Dafür kürte das US-amerikanische Magazin *TIME* die »Kanzlerin der freien Welt«, so der Titel im Dezember 2015, zur Person des Jahres. In der Begründung war zu lesen: »Dafür, dass sie ihrem Land mehr abverlangt hat, als es sich die meisten Politiker überhaupt trauen würden, dass sie entschieden gegen Tyrannei und Eigennutz einstand und dass sie standhaft moralische Führerschaft in einer Welt vorgibt, die davon nicht genug hat.«

Flüchtlingspolitik, Griechenland-Krise, Bemühungen um Friedensverhandlungen im Ukraine-Konflikt – die Liste der Verdienste Merkels las sich ganz so, als ob es Deutschland alleine gewesen wäre, das Lösungen herbeigeführt hätte. An allen Lösungsversuchen war aber auch Hollande beteiligt. War er im Grunde überflüssig gewesen? In seinen Statuten nennt *TIME* als einziges Kriterium für die Titelvergabe: »... die Person oder die Personen, die das Geschehen und unser Leben, sei es zum Guten oder zum Schlechten, am meisten beeinflusst hat/haben und die verkörpert/n, was in diesem Jahr wichtig war«.

Somit hätten Angela Merkel und François Hollande eigentlich auch gemeinsam auf das *TIME*-Cover des Jahres 2015 kommen können. Allein, sie taten beide nichts dafür. Niemand hätte sich Ende 2015 vorstellen können, dass Merkel und Hollande gemeinsam Chancen auf den Nobelpreis gehabt hätten. Aber vielleicht noch schlimmer: Niemand gewahrte das deutsch-französische Versagen, das sich hinter dieser offensichtlichen Tatsache verbarg.

10. KAPITEL

Nicht so nüchtern, nicht so schüchtern

Was noch fehlt für eine Völkerfreundschaft

Man kann sehr wohl von der deutsch-französischen Freundschaft schwärmen. »Wenn er nicht Franzose wäre, möchte er ein Deutscher sein«, schrieb die französische Zeitung *Le Rhin* schon 1842 über den französischen Nationaldichter Victor Hugo nach dessen Rheinreisen zwischen 1838 und 1840. Was anderes aber ließe sich heute, nur umgekehrt, über Helmut Kohl nach seiner offiziellen Begräbnisfeier in Straßburg sagen? Wenn er nicht Deutscher gewesen wäre, hätte er ein Franzose sein wollen! Und über wie viele andere könnte man das noch sagen! Jürgen Habermas zum Beispiel hat die meiste Zeit seines Lebens mit den französischen Philosophen quergelegen oder zumindest hart mit ihnen diskutiert. Dennoch versöhnte er sich mit seinem langjährigen französischen Gegenspieler Jacques Derrida und schrieb mit ihm ein gemeinsames Manifest für mehr Europa. Frankreich ist ihm näher als jedes andere Land. Heute aber gibt sich der deutsche Politik- und Medienbetrieb der Illusion hin, diese Freundschaft sei selbstverständlich. Als könne man ihren Fortbestand ohne Mühen vorassetzen. So gut ist sie aber nicht.

Das zeigt sich schon daran, dass Franzosen und Deutsche sich nicht so gut kennen, wie ihre berühmte Freundschaft nahelegt. Im Grunde herrscht zwischen der überwiegenden Mehrheit der Menschen auf beiden Seiten Schweigen. Jedes Land hat seine Themen, die selbst dann, wenn sie sich gleichen, nicht zur gleichen Zeit diskutiert werden. Selten erregt ein Ereignis spontan die gemeinsame Aufmerksamkeit. Noch seltener schafft es ein französischer Autor, in Deutschland erfolgreich zu sein oder umgekehrt. Der französische Schriftsteller Michel Houellebecq machte mit seinem jüngsten Roman *Unterwerfung* ebenso eine Ausnahme wie die junge deutsche Medizin-Doktorandin Giulia Enders mit ihrem Sachbuch *Darm mit Charme*, das auch in Frankreich den Weg in die Bestsellerlisten fand.

Doch solche Erfolge sprechen nicht von gegenseitiger Kenntnis. Die meisten Franzosen und Deutschen sprechen lieber Englisch als die Sprache des Nachbarlandes. Zwischen 1998 und 2012 sank die Zahl der deutschen Sekundarstufe-Schüler, die Französisch lernten, von 33 auf 26 Prozent. An Frankreichs öffentlichen Gesamtschulen lernten 2014 etwa 15 Prozent der Schüler Deutsch. Auch ihre Zahl ist rückläufig. Und wer heute Franzosen am Café-Tresen nach Deutschen befragt, die sie mit Namen kennen, bekommt oft die gleichen Antworten wie in fernen Ländern: Merkel, Beckenbauer – und Hitler.

Die gegenseitige Unkenntnis schließt freilich nicht aus, dass der Wert der politischen Freundschaft zwischen beiden Ländern von der breiten Bevölkerung erkannt wird. Daran besteht kaum Zweifel. Typisch ist eine Umfrage der Zeitschrift *Internationale Politik* vom März 2017, nach der 88 Prozent der Bundesbürger die enge Zusammenarbeit mit Frankreich für »wichtig« oder »sehr wichtig« halten. Ähnlich denken die Franzosen. Das ist zwar keine schlechte Basis für gute Beziehungen, doch muss das fürs politische Alltagsgeschäft nicht viel bedeuten. Da kommt es nämlich auf die handelnden Personen an, die sich sehr gut kennen müssen. Allen voran die beiden Regierungschefs.

»Am Ende hatten wir alle gelernt, dass wir uns auf das Wort des Kollegen verlassen konnten, über alle Meinungsverschiedenheiten hinweg. Darüber sind persönliche Freundschaften entstanden: zwischen Giscard und mir«, schrieb Helmut Schmidt 1987 in seinem Buch *Menschen und Mächte* über eine seiner ersten Begegnungen mit Valéry Giscard d'Estaing im September 1973. Schmidts Freundschaft mit Giscard war ein Glücksfall für die Beziehungen zwischen Frankreich und Deutschland, der sich nicht beliebig reproduzieren lässt – Verlässlichkeit zwischen den beiden Staatschefs jedoch schon! Selbst die aber war zuletzt nicht mehr gegeben. Der Herbst 2015 gab das warnende Beispiel: Hollande war zu schwach, um Merkel in der Flüchtlingskrise zu folgen. Merkel zu stark, um sich von Hollande etwas sagen zu lassen. Also hörten beide nicht mehr aufeinander und gingen getrennte Wege. Stärkster Ausdruck davon war das Fehlen einer gemeinsamen Reaktion auf die Pariser Attentate vom 13. November 2015. 130 Menschen starben, mehr als bei jedem vergleichbaren Ereignis in beiden Ländern seit 1945. Dabei nahmen die Attentäter die Fußballnationalmannschaften Frankreichs und Deutschlands ins Visier, als sie den Anschlag auf das Stade de France bei Paris planten, wo an diesem Abend ein Freundschaftsspiel beider Mannschaften stattfand. Durch glückliche Umstände töteten die Attentäter in der Nähe des Stadions nur einen Menschen – es hätten Hunderte sein können. Dennoch reichte es am folgenden Tag nur für einen Eintrag der deutschen Kanzlerin im Kondolenzbuch in der französischen Botschaft in Berlin. Zwar trafen sich am selben Tag die Wirtschaftsminister, der damalige SPD-Vorsitzende Sigmar Gabriel und sein damaliger Amtskollege Emmanuel Macron, um auf dem Pariser Platz der Republik gemeinsam eine Kerze zum Gedenken an die Opfer aufzustellen. Doch das war ihr privates Solidaritätsbekenntnis. Offiziell trauerten Franzosen und Deutsche nicht gemeinsam, anders als noch nach dem Attentat gegen *Charlie Hebdo*. Obwohl ihnen gerade das Fußballspiel dazu jeden denkbaren Anlass gegeben hätte. Und auch von den Fußballern kam nicht viel: Zwar leisteten sich Spieler beider Mannschaften anschließend in der Kabine Gesellschaft, doch für eine gemeinsame, grenzüberschreitende Aktion reichte es nicht. Als hätten auch die deutschen Fußballer den Frankreich-Blues.

Spätestens jetzt, spätestens nach dem 13. November 2015, hätten bei den politischen Eliten in Paris und Berlin die Alarmglocken läuten müssen. Denn so ist es nun mal, so hat es Jürgen Habermas immer wieder beschrieben: Die Europäische Union bleibt bis heute ein Elitenprojekt, und das gilt auch für ihren gefühlten Motor, die deutsch-französische Freundschaft. Sie basierte deshalb immer auch auf Symbolpolitik. Adenauers Besuch in der Kathedrale von Reims, der Händedruck zwischen Mitterrand und Kohl über den Gräbern von Verdun waren große symbolische Gesten der Völkerfreundschaft am Rhein. Doch nach dem 13. November 2015 blieb ein solches Zeichen aus.

Gerade Symbolpolitik ist mit der aktuellen deutschen Kanzlerin schwer zu machen. Viele ihrer Wähler in Deutschland schätzen das. Gerade an großen Gesten in der Politik hängt aber das Herz vieler Franzosen, die Politik bis heute auch als Theater und Aufführung begreifen, wie es sie schon der große Ludwig XIV. lehrte. Deshalb führt der seit vielen Jahren eng mit der Kanzlerin in Verbindung stehende deutsche Botschafter in Paris, Nikolaus Meyer-Landrut, heute einen mühsamen Überzeugungskampf mit seiner Chefin in Berlin. Er selbst würde das vielleicht nicht so sagen, aber das entnimmt man seinem engagierten Eintreten für Frankreich in Hintergrundgesprächen. Zuletzt empfing er einen *Zeit*-Kollegen und mich kurz vor den französischen Wahlen im April 2017. Der Botschafter versucht ganz offenbar, der Kanzlerin das stärkere Empfinden der Franzosen für die Darstellungskunst in der Politik näherzubringen. Bislang eher erfolglos. Würde das nicht bedeuten, dass sich die Kanzlerin vor den Franzosen wenn auch nicht verbeugt, so doch verbiegt?

Trotzdem hat Meyer-Landrut Recht: Gute Politik hat

einen Adressaten. Gute Politik ist transparent. Von einer deutschen Kanzlerin dürfen die Franzosen auch mal erwarten, dass sie zu ihnen spricht, und zwar deutlich und verständlich. Das hat sie auf eine vernehmbare Art und Weise noch nie getan. Ganz im Gegenteil zu Macron, der schon als Präsidentschaftskandidat am 10. Januar 2017 an der Berliner Humboldt-Universität eine vielbeachtete Rede an die Deutschen hielt. »Ich habe das schon gesagt, aber ich wiederhole es hier: Die deutsche Gesellschaft ist der massiven Ankunft von Flüchtlingen mit bewundernswerter Klarheit, mit Mut und Menschlichkeit begegnet«, sagte Macron in Berlin. Er wollte damit ein Zeichen setzen, um dem deutschen Publikum entgegenzukommen. Er wollte unbedingt erreichen, dass die Deutschen verstehen, wie hoch er ihr Flüchtlingsengagement schätzt. Und seine Botschaft erreichte damals ihren Adressaten. Macrons Bejahung der deutschen Flüchtlingspolitik gilt seither für sämtliche Beobachter, ob in Deutschland oder Frankreich, als fester Bestandteil seiner Politik. Auf vergleichbare Art aber hat sich Merkel in Frankreich noch nie an ein französisches Publikum gewandt. So wichtig war es ihr nie, in Frankreich eine Botschaft loszuwerden. Ein solches Anliegen aber gehört zu einer guten deutschen Frankreich-Politik. Jeder deutsche Regierungschef muss eine Botschaft an die Franzosen haben. Das ist Voraussetzung für eine Völkerfreundschaft, die von den Eliten geprägt bleibt.

Am deutlichsten fehlt diese Botschaft heute im wirtschaftlichen und sozialen Bereich. Franzosen und Deutsche empfinden sich nicht als Schicksalsgemeinschaft angesichts der Globalisierung, eher schon als Konkurrenten. Das kann und muss die Politik beider Länder ändern. Deshalb sind die Pläne für eine einheitliche Unternehmensbesteuerung in Frankreich und Deutschland so wichtig. Zwar wird es auch in Zukunft immer einen Standortwettbewerb zwischen beiden Ländern geben, aber die Regierungen müssen alles tun, ihn unter möglichst ähnlichen Bedingungen stattfinden zu lassen.

Vor allem kommt es darauf an, dass sich Paris und Berlin für ein ähnliches Sozialstaatsmodell starkmachen. Seit Frankreich im Jahr 2002 die 35-Stunden-Woche einführte und Deutschland zwei Jahre später mit den Reformen der Agenda 2010 begann, sprechen die Regierungen beider Länder nicht mehr die gleiche soziale Sprache. Das hat über die Jahre zu einem sich unabhängig von der sozialen Realität verselbständigenden Clash der Eliten geführt: Le Pen, die von einer deutschen Sklavengesellschaft fabuliert; deutsche Kommentatoren, die sich Franzosen als faulenzende Rotweintrinker vorstellen. In Wirklichkeit aber bleiben Frankreich und Deutschland die beiden größten Wirtschaftsnationen der Welt, die den Namen Sozialstaat wirklich verdienen. Sie sichern ihre Bürger in weit größerem Maße gegen die Gefahren der Globalisierung ab, als das etwa in Japan, China oder den USA von staatlicher Seite der Fall ist. Und ob Großbritannien heute dem US-Modell näher ist oder Frankreich und Deutschland, darüber lässt sich streiten.

Den Bürgern auf beiden Seiten des Rheins ist das aber nicht bewusst. Griechenland zeigt heute, wie ein Sozialstaat innerhalb der Europäischen Union zerfallen kann. Zugleich stärken die grundsätzlichen wirtschaftspolitischen Differenzen zwischen Paris und Berlin den Verdacht, dass sich beide auch in der Sozialpolitik uneins sind. Nicht nur die Eliten, auch die Bürger empfinden das so. Auch teilen Eliten und Bürger gleichermaßen die Sorge um einen grundsätzlichen Machtverlust der Politik in Zeiten der Globalisierung. Die deutsch-französische Freundschaft erscheint da weder den Franzosen noch den Deutschen stark genug, eigene, positive Gegenakzente setzen zu können. Das muss sich ändern, wenn diese Freundschaft überleben soll.

Macron hat das erkannt. Er plädiert für ein größeres soziales Engagement Deutschlands in Europa. In seinem Interview vom 21. Juni 2017 mit einer Reihe europäischer Tageszeitungen liest sich das so: »Die Stärke der einen darf sich nicht aus den Schwächen der anderen speisen«, sagte Macron. Der gleiche Tenor wie in seinem ersten Interview in der *Süddeutschen Zeitung* vom 31. August 2015: Die Starken müssen den Schwachen helfen. Ohne das geht es nicht, ohne das kommt Europa nicht weiter. Dabei kommt Deutschland als reichstem Land Europas die Vorreiterrolle zu. Frankreich muss seinen überdehnten Sozialstaat erst konsolidieren, bevor es an der Seite Deutschlands die gleichen Aufgaben wahrnehmen kann. So jedenfalls lautet der Plan Macrons.

Wie richtig seine darin enthaltene Bestandsaufnahme der Sozialpolitik in Europa ist, zeigen die neuesten Untersuchungen des Wirtschaftswissenschaftlers Pasquale D'Apice. Der Italiener ist führender Analyst bei der

Generaldirektion Wirtschaft und Finanzen der EU-Kommission in Brüssel. In einer Studie vom 13. September 2016 zeigt er auf, dass die Länder der EU zwischen 2007 und 2013 nur 0,2 Prozent ihres Bruttosozialprodukts für umverteilende Maßnahmen unter den Mitgliedstaaten aufwendeten. Mit anderen Worten: Das Geld, das reiche EU-Staaten zum Finanzausgleich an arme EU-Staaten weitergaben, entspricht einer verschwindend geringen Summe. Von einer Sozialpolitik innerhalb Europas kann also bisher keine Rede sein. »Diese winzige Zahl [0,2 Prozent] zeigt, wo wir starten«, schrieb der französische Wirtschaftskommentator Éric Le Boucher in der Pariser Wirtschaftszeitung *Les Échos* am 19. Mai 2017 unter dem bezeichnenden Titel: »Wir dürfen das Einverständnis mit Deutschland nicht überschätzen«. Le Boucher wollte der ersten »Mercron«-Euphorie damit einen berechtigten Dämpfer versetzen.

Ich bin kein Deutschland-Experte. Ich habe seit 1984, als ich zum ersten Mal nach Paris zog, nicht mehr in meiner Heimat gelebt. Aber offensichtlich ist es ja wohl so, dass in Deutschland derzeit keine große Begeisterung für solidarische Zahlungen an schwächere EU-Partner herrscht. Dass der deutsche Finanzminister Wolfgang Schäuble mit seiner Sparpolitik sehr populär ist. Und dass Themen wie Euro-Bonds und alles, was auf Transferzahlungen für die Armen in Europa hinauslaufen könnte, von den Kommentatoren wie absolute Unzumutbarkeiten behandelt werden. Und dass sich Bundeskanzlerin Angela Merkel auch aufgrund dieser Stimmung, so kurz vor den Bundestagswahlen, mit konkreteren Aussagen zu den Vorstößen Macrons zurückhält. Dennoch gilt: Das muss sich ändern, wenn die deutsch-französische Freundschaft als Motor für Europa weiterlaufen soll.

Dass es dafür gleichwohl kein Parteiprogramm gibt, und niemand einem französischen Präsidenten und einer deutschen Kanzlerin einen Freundschaftsplan präsentiert, liegt am immer noch sehr neuen und ungewöhnlichen Konzept der deutsch-französischen Freundschaft. Sie ist weltweit die bekannteste unter den Völkerfreundschaften. Doch Völkerfreundschaft bleibt eine womöglich utopische Angelegenheit. Ihr Rang in der Politik ist keinesfalls gesichert.

»Während das offizielle Frankreich und das offizielle Deutschland sich in einen brudermörderischen Kampf stürzen, senden die Arbeiter einander Botschaften des Friedens und der Freundschaft«, schrieb Karl Marx im deutsch-französischen Kriegsjahr 1870. Er war einer der Ersten überhaupt, die das Konzept der Völkerfreundschaft erdachten. Seinen bis heute stärksten Ausdruck fand es 1945 in Kapitel 1, Artikel 1 der Charta der Vereinten Nationen: »Die Ziele der Vereinten Nationen sind: (…) freundschaftliche Beziehungen zwischen den Nationen zu entwickeln, die auf der Achtung des Grundsatzes der Gleichberechtigung und der Selbstbestimmung der Völker beruhen«. Das bleibt aber bis heute politisches Neuland, für das es keine Parteiprogramme wie etwa für die traditionelle Sozialpolitik gibt. Noch immer fällt Völkerfreundschaft in der Regel in die Domäne der Diplomatie, ein traditionelles Aufgabengebiet der Eliten. Die Frage ist, ob die deutsch-französische

Freundschaft diese Grenzen überwinden kann, ob sie wirklich auf dem Weg zu einer Völkerfreundschaft ist.

Erst aus der historisch weder gut erforschten noch oft praktizierten Perspektive von Völkerfreundschaften erschließt sich, wie schwierig die Aufgaben von Macron und Merkel sind. De Gaulle und Adenauer agierten noch auf diplomatisch klar markiertem Territorium. Das taten auch Giscard und Schmidt, als sie die G 7 gründeten und so deutsche und französische Außenpolitik koordinierten. Erst die 1979 eingeführten Europawahlen und ihr europäisches Währungssystem ließen die außenpolitische Domäne tendenziell hinter sich.

Aber es ist etwas ganz anderes, wenn Macron und Merkel heute die gleichen Unternehmenssteuern einführen wollen. Das berührt einen traditionellen Bereich der Innenpolitik. Hier geht es um die Angleichung zweier Staaten im Inneren. Man könnte sogar sagen: Hier wird aus der Freundschaft eine Ehe. Man legt sich fest, die wesentlichen Dinge im Leben – also hier im Funktionieren der beiden Staaten – zu teilen.

Merkel könnte also weit über die Bundestagswahlen vom Herbst 2017 hinaus Recht behalten, wenn sie schon bei der Frage der gemeinsamen Unternehmenssteuer beim deutsch-französischen Ministerrat am 13. Juli 2017 in Paris warnte: »Das ist ziemlich kompliziert.« Sie sah es eben nüchtern.

Aber auch an Nüchternheit kann eine Freundschaft zerbrechen. Oder sie sorgt dafür, dass zum Entschluss für den nächsten Schritt in der Beziehung die nötige Begeisterung und Entschlossenheit fehlt. An einem solchen Punkt befinden sich Paris und Berlin. Sie haben sich Freundschaft versprochen. Sie haben das mit dem Élysée-Vertrag von 1963 offiziell gemacht, aber den Bund fürs Leben haben sie erst mit Gründung der Europäischen Union und der europäischen Währungsunion ins Auge gefasst. Wollen sie ihn nun wirklich schließen? Am Ende steckt in jedem Ehevertrag auch die Verpflichtung, füreinander zu zahlen. Genau davor aber scheint die Mehrheit der Deutschen heute zurückzuschrecken. Deshalb ist ihr weltpolitisch vergleichsweise eher nebensächlich erscheinender Frankreich-Blues der letzten Jahre vielleicht ein Trend von historischer Tragweite. Er könnte gerade zu einem Zeitpunkt, da mit »Mercron« der letzte, entscheidende deutsch-französische Schritt zum Staatenbund möglicher denn je erscheint, ebendiesen Schritt verhindern.

Schon nimmt es den Anschein, als hätten Paris und Berlin die historische Chance der Wahl Macrons zum Präsidenten vertan. Sie, diese freie, eindeutige Wahl der Franzosen weg von Le Pen und hin zum Guten für Europa, war ein möglicher Wendepunkt. Sie hätte auch in Deutschland Begeisterung auslösen können. Sie tat es nicht. Oder nicht ausreichend.

Die zweite Chance kommt wahrscheinlich nach den deutschen Bundestagswahlen im September 2017. Aber so viele Chancen wird es dann nicht mehr geben. Fern von Wahlen sind in Demokratien grundsätzliche Kurswechsel kaum möglich.

Was bisher von Macron und Merkel verhandelt wird, reicht dafür jedenfalls nicht. Es sind vor allem militärische und sicherheitspolitische Projekte. Zwar wird die Zusammenarbeit auf diesen Gebieten für Frankreich und Deutschland in den nächsten Jahren an Bedeutung gewinnen. Der Brexit und die Nato-Kritik von US-Präsident Donald Trump erfordern das geradezu. Die Flüchtlingskrise und der islamistische Terrorismus ebenfalls. Tatsächlich sind die Ministerialbeamten in Paris und Berlin fleißig auf der Suche nach neuen deutsch-französischen Kooperationsprojekten. Von Überwachungsdrohnen über Kampfflugzeuge bis zur gemeinsamen Terrorfahndung und dem gemeinsamen Engagement für den europäischen Grenzschutz: Mit »Mercron« kommen diese Projekte, zum Teil schon jahrealt, alle neu auf den Tisch. Sogar ein gemeinsamer deutsch-französischer Militäreinsatz in Afrika wird denkbar. Alles schön und gut. Doch solange es keine klare Verständigung und gemeinsame Auffassung darüber gibt, welches Europa beide gegen die globalen Gefahren verteidigen wollen, bleibt die deutsch-französische Verteidigungspolitik Ersatzpolitik. Zuerst wäre es deshalb nötig, einen wirtschaftspolitischen Kompromiss zu statuieren, der dann auch eine tendenziell konvergierende Sozialpolitik möglich macht. Mit anderen Worten: Frankreich und Deutschland müssen für alle ihre Bürger glaubwürdige Aussichten auf ein soziales Europa schaffen – dann erst lohnt sich die Freundschaft!

Wie traditionell üblich, besuchte auch der sozialdemokratische Kanzlerkandidat Martin Schulz im Wahlkampf 2017 Paris und den französischen Präsidenten. Zu diesem Anlass empfing er am 20. Juli die deutschen Korrespondenten zum Hintergrundgespräch. Martin Schulz lag zu diesem Zeitpunkt laut den deutschen Umfragen nicht gut im Rennen. Aber er gab sich alle Mühe, der Kanzlerin den Rang des besseren Frankreich-Freundes abzulaufen. Dabei war an diesem Abend auffällig, wie häufig im Gespräch mit den deutschen Journalisten der Name von Wolfgang Schäuble fiel. Als wäre in Sachen Frankreich-Politik nicht die Kanzlerin der eigentliche Gegner von Schulz, sondern der deutsche Finanzminister. Und tatsächlich betonte Schulz, dass die Ablösung Schäubles im Herbst 2017 eines der wichtigsten Ziele sozialdemokratischer Politik sei. Also nicht nur die Ablösung Merkels!

Das war ein Hinweis, wie unmittelbar die deutsch-französische Freundschaft heute die Machtfrage in Deutschland berührt. Noch im Juni 2017 legte Schäuble dem Kabinett in Berlin einen Haushaltsplan für die Jahre bis 2021 vor, der keine deutsche Neuverschuldung vorsieht. Macrons Pläne für die »Neugründung Europas« wären damit kaum zu machen. Aber wusste man, was die Kanzlerin darüber dachte?

Es ist nicht anzunehmen, dass sie die Erste sein wird, die den Frankreich-Blues ablegt. Nach Fukushima und in der Flüchtlingskrise reagierte Merkel außergewöhnlich, vielleicht sogar emotional auf die neuen Situationen. Aber sie folgte dabei immer auch instinktiv einer Mehrheitsstimmung in der deutschen Bevölkerung und ihrer Eliten: gegen Atomkraft, für Menschenrechte! Muss Macron also erst die Stimmung in Deutschland zu Gunsten Frankreichs drehen, bevor Merkel mehr mit ihm wagt?

So weit aber wird es wohl nie kommen. Die deutschen Eliten mit Merkel an der Spitze müssen die ersten Schritte selbst unternehmen. Sie müssen aus eigener Kraft ihren Frankreich-Blues überwinden.

Mein Eindruck ist: Viele Franzosen, auch viele Front-National-Wähler, wissen, dass sie sich in diesem Jahr fast in den politischen Abgrund gestürzt hätten. Sie haben aber anders entschieden und sind bereit für das Risiko eines Lebensbunds mit Deutschland.

Dank

Sabine Seifert, meine jahrelange Reportage-Chefin bei der *tageszeitung* in Berlin, hat das Buch von der Idee bis zur letzten Seite begleitet. Hätte ein Fahrradunfall zur ungünstigsten Zeit sie nicht davon abgehalten, hätte sie mitgeschrieben. Von ihr stammen alle Kapitelüberschriften. Jan-Hendrik Maier, mein hochqualifizierter Praktikant von der Journalistenschule Sciences Po in Paris, recherchierte in zwei Monaten im Sommer 2017 den Grundthesen des Buches nach, die ich in vier Jahren in Paris erarbeitet hatte – er aktualisierte vieles und kam auf die gleichen Ergebnisse. Der Verlag unterstützte Jan großzügig für seine Arbeit. Mein Lektor Bernd Martin und seine Kollegin Kerstin Schulz halfen mir über alle Zweifel zu Beginn hinweg und erfanden den Titel des Buches, der mir das Schreiben sehr erleichterte. Sie blieben bis zum letzten Satz gedanklich voll dabei. Lea Yamamoto steuerte sämtliche Heine-Zitate bei. Meine Familie, vor allem Imke, Hanna, Andrea und Christine, gab mir die nötige Rückendeckung in Alltag und Ferien. Mila und Noa blieben fröhliche Kinder.

»Die Politik muss radikaler denken«

Ein Gespräch mit Emmanuel Macron –
genau ein Jahr bevor die Franzosen ihn
zum Präsidenten wählten

Es ist der 21. April 2016, ein Donnerstag, mittags um 13 Uhr im siebten Stock des Ministergebäudes von Bercy. So nennen die Franzosen kurz, nach dem alten Bahnhof von Bercy, ihr zur Jahrhundertwende neu errichtetes Wirtschafts- und Finanzministerium in Paris. Der Hausherr hat an diesem Tag den Tisch für vier Personen decken lassen. Mit dabei sind auch Barbara Frugier, die seit Mai 2017 die internationale Pressearbeit des französischen Präsidenten koordiniert, und Clément Beaune, seit Mai 2017 sein Europa-Berater im Élysée-Palast. Damals aber waren beide nur die Mitarbeiter des französischen Wirtschaftsministers Emmanuel Macron. Der war 38 Jahre alt und in der glücklosen Regierung des Präsidenten François Hollande gerade eine öffentliche Figur geworden, in die einige ihre Hoffnung auf Erneuerung setzten. Wollte dieser Macron bei den Präsidentschaftswahlen 2017 seinem Chef Hollande wirklich Konkurrenz machen? Noch schien das alles andere als entschieden. Doch Macron hatte mit den Vorbereitungen begonnen. Er

hatte eine politische Bewegung gegründet, »En Marche«. Er
hatte sich mit seiner Frau im Klatschmagazin »Paris Match«
abbilden lassen, ein Anzeichen für höhere Ambitionen. Und
beim Mittagessen im Pariser Wirtschaftsministerium redete
er weniger wie ein Minister als wie ein Präsident.

Georg Blume: Herr Macron, Sie haben früher Philosophie studiert und haben vor, schon bald den deutschen Philosophen Jürgen Habermas zu besuchen.
Was führt Sie dazu, unseren 86 Jahre alten Denkmeis-
ter aufzusuchen?

Emmanuel Macron: Ich wünsche ihn zu treffen, weil ich
ein treuer Leser seiner Werke bin. Er hat den Geist
der modernen Demokratie geprägt und eine wichtige Rolle im deutschen Historikerstreit gespielt. Aber
für mich ist er vor allem ein Denker des europäischen
Abenteuers. Ich schätze bei ihm seinen hohen historischen und verfassungstheoretischen Anspruch, mit
dem er sich dem europäischen Projekt widmet, auch
heute noch, wenn er über Flüchtlings- und Eurokrise
schreibt. Es ist dieser Anspruch, der mehr philosophi-
scher als technischer oder pragmatischer Natur ist,
der dem europäischen Projekt Kraft und Vitalität gibt.
Und diesen Anspruch teile ich: Europa lebt nur, wenn
wir wirklich Lust auf Europa haben.

Blume: Aber nichts wirkt heute anachronistischer als
die Europa-Begeisterung der letzten Vertreter der
Nachkriegsgeneration?

Macron: Das ist richtig, aber wie können wir die Europa-
Begeisterung wieder aufleben lassen, wenn wir nicht

die europäische Gründungsidee wieder aufleben lassen?

Blume: Sie sind 38 Jahre alt und Wirtschaftsminister in einer sozialistischen Regierung. Vor Kurzem haben Sie eine neue politische Bewegung gegründet, mit der Sie bei den französischen Präsidentschaftswahlen in einem Jahr ein alternatives Angebot schaffen wollen. Ob Sie selbst Kandidat sein werden oder vor allem die Forderungen Ihrer Bewegung einbringen, lassen Sie derzeit offen. Was veranlasst Sie eigentlich zu einem solchen politischen Großmanöver? Sind es Ihre großen Ideen von der Wiederbelebung Europas?

Macron: Ideen gehen vor Personen. Mich motiviert, die Zukunft meines Landes zu gestalten. Dabei müssen wir ein paar zentrale Themen ganz offen ansprechen: die Einstellung zur Arbeit, das Gleichgewicht zwischen Freiheit, Justiz und Sicherheit, das Verhältnis zu Europa. Dafür sind die Präsidentschaftswahlen der entscheidende Augenblick. Insbesondere was Europa betrifft, bin ich überzeugt, dass meine Generation eine historische Pflicht hat: die Wiedergründung Europas.

Blume: Anders gesagt, Sie sind jung und wollen ein Amt, deshalb behaupten Sie nun, die Alten hätten Europa heruntergewirtschaftet.

Macron: Es gab eine Generation, die Europa gegründet hat, und eine zweite, die es weiterentwickelte. Darauf folgten diejenigen, die es mit der Finanzkrise und den neuen internationalen Risiken und Bedrohungen zu tun bekamen. Sie sind damit verantwortungsvoll umgegangen und haben ihr Bestes getan. Aber für Europa beginnt angesichts der globalen Herausforderungen jetzt eine neue Zeit. Wenn Europa nicht reagiert, wird es verschwinden.

Blume: Und warum wären Sie der richtige Mann, um das angeblich drohende Verschwinden aufzuhalten? Weil Sie in den Umfragen als der aussichtsreichste Kandidat des linken Lagers bei den Präsidentschaftswahlen gehandelt werden?

Macron: Das ist eine Frage kollektiver historischer Verantwortung, nicht von persönlichen Ambitionen. Wir müssen Europa neues Leben einhauchen. Derzeit ist es mit dem Virus des Zerfalls infiziert. Seit zehn Jahren driften die europäischen Volkswirtschaften, besonders die der Eurozone, immer mehr auseinander. Die Länder, die schon Anfang der 2000er-Jahre übermäßig verschuldet waren, sind es heute noch mehr. Das Vorhandensein einer gemeinsamen Währung und identischer Wechselkurse hat auf sie, die eigentlich Reformen nötig gehabt hätten, bis zur Finanzkrise wie eine Morphinspritze gewirkt. Mit der Finanzkrise waren diese Länder dann urplötzlich wieder mit ihrer wirklichen Lage konfrontiert. Wir sind dieser Vertrauenskrise in Europa dann zwar gemeinsam begegnet, aber wir müssen die nach wie vor größer werdenden Strukturunterschiede reduzieren.

Blume: Haben Ihre sozialdemokratischen geistigen Väter, von Tony Blair in Großbritannien über Gerhard Schröder bis hin zum aktuellen Präsidenten François Hollande, versagt?

Macron: Ich will nicht über die Misserfolge der Vergangenheit urteilen, sondern Verbesserungen für die Zukunft vorschlagen. Fest steht: Wir müssen die Eurozone, trotz allem, was das Krisenmanagement schon geleistet hat, noch weiter konsolidieren. Jetzt kommen der Terrorismus und die Flüchtlingskrise hinzu, die nochmal die Schwachstellen Europas hervorheben. Das ist der Grund dafür, dass wir nun einen schwierigen Schritt machen müssen. Deshalb sage ich: Wir müssen Europa wiedergründen. Wir brauchen mehr Europa, nur Europa kann uns schützen. Aber dafür müssen wir dem europäischen Projekt neuen Sinn verleihen.

Blume: Das klingt jetzt wie ein Wahlversprechen. In Wirklichkeit aber widersetzt sich die Regierung, der Sie angehören, einer europäischen Zusammenarbeit in der Flüchtlingskrise, indem sie schlicht keine Flüchtlinge aufnimmt.

Macron: Frankreich hat die Flüchtlinge nie abgewiesen und sich für einen europäischen Aufnahmemechanismus eingesetzt.

Blume: Aber das ist doch blanke Theorie. Hier in Paris leben die Flüchtlinge auf der Straße, keiner nimmt sie auf.

Macron: Sicher gibt es da Schwierigkeiten, auch Widerstände in der Öffentlichkeit. Doch die Mehrheit der Flüchtlinge will nicht nach Frankreich.

Blume: Frankreich ist in vielerlei Hinsicht der großzügigste Sozialstaat in Europa. Denken Sie wirklich, dass die Flüchtlinge nicht hierher wollen?

Macron: Sie wollen dorthin, wo sie die größte Aussicht auf Arbeit haben. Nach Deutschland, Österreich und Schweden, wo nahezu Vollbeschäftigung herrscht.

Blume: Selbst die Flüchtlingsaufnahme in Deutschland wollte Ihr Regierungschef Manuel Valls stoppen, als er kürzlich in einem Aufnahmelager in München vor dem Zuzug weiterer Flüchtlinge warnte. Sieht so französische Solidarität in der Flüchtlingskrise aus?

Macron: Für mich hat die Kanzlerin mit ihrer Flüchtlingspolitik recht behalten. Sie hat Mut und Ausdauer bewiesen und sich wie Frankreich für eine europäische Lösung der Krise eingesetzt. Wir leben heute nicht mehr in einer Blase. Finanzkrise, Terrorismus, Flüchtlinge – das alles betrifft uns. Die Politik muss das erklären, ohne Emotionen, und dabei zuallererst ihrer moralischen Pflicht gerecht werden. Das gilt in erster Linie für die Flüchtlinge. Sie kommen nicht aus sozialen oder wirtschaftlichen Gründen. Sie kommen, weil sie vor politischen Risiken flüchten. Sie sind mutig, das sind Helden. Und Europa, der Kontinent der Menschenrechte, muss sie aufnehmen. Das ist es sich selbst schuldig. Aber in diesem Zusammenhang müssen wir auch unsere Sicherheits- und Asylpolitik, unsere Zusammenarbeit mit den Entwicklungsländern anpassen.

Blume: Das sagen Sie als Wahlkämpfer, als linker Parteivorsitzender, und nicht als französischer Wirtschaftsminister.

Macron: Nein, das ist ein wichtiges wirtschaftliches Thema. Die Flüchtlinge besitzen Vitalität und Energie.

Grundsätzlich kann ein Land seine Wachstumsmöglichkeiten nur durch Innovation und Bevölkerungszuwachs erhöhen. Frankreich hat kein Geburtenproblem wie Deutschland. Aber warum sollte Deutschland heute nicht zukünftiges Wachstum durch die Zuwanderung hoch motivierter Flüchtlinge sichern?

Blume: Diese Weltoffenheit trifft heute überall in Europa auf Widerstand.

Macron: Weil man das Entscheidende ausblendet: Wir leben in der Zeit eines großen wirtschaftlichen Umbaus. Wir können unseren Bürgern nicht mehr versprechen, dass wir unseren heutigen Lebensstandard unter Beibehaltung unseres alten Produktionsmodells wahren können. Also müssen wir den Umbau fördern und begleiten. Alles ändert sich: unsere Konsumgewohnheiten, wie wir uns fortbewegen, wie wir arbeiten. Die Politik muss darin eine Chance und nicht eine Bedrohung sehen.

Blume: Das gelingt ihr immer seltener. Warum?

Macron: Wenn wir glauben, dass die Globalisierung mehr Möglichkeiten als Risiken mit sich bringt, dann müssen wir daraus Konsequenzen ziehen und Europa entsprechend umbauen. Wenn wir das nicht tun, laufen wir Gefahr, den Populisten den Platz zu überlassen, die wie der Front National in Frankreich rückwärtsgehen und die Grenzen schließen wollen. Ich wähle die erste Option. Aber dafür muss sich Europa auf zwei Ebenen weiterentwickeln: Einerseits, seine Wirtschaft öffnen und modernisieren. Andererseits braucht es den notwendigen Schutz gegenüber unlauterem Wettbewerb, um diese Veränderungen zu begleiten.

Blume: Europa hat die Digitalisierung nicht begründet, es läuft ihr hinterher. Stammt daher der allgemeine Vertrauensverlust?

Macron: Die Digitalisierung gibt dem Einzelnen Macht. Dieser hat allein mit seinem Handy ganz neue Optionen. Kein europäischer Staat kann mehr über diese oder jene Innovation entscheiden. Sie findet auch ohne ihn statt. Manche Länder haben versucht, den Taximarkt zu regulieren. Es hat nicht geklappt. Wir können diese Veränderungen nicht aufhalten. Stattdessen müssen wir sie fördern und allen Menschen den Zugang zu ihnen ermöglichen. Europa hält alle Trümpfe in der Hand, aber wir müssen jetzt sofort zu handeln anfangen.

Blume: Vor hundert Jahren hat Ford den Fließbandarbeiter erfunden, Roosevelt dann 20 Jahre später das entsprechende soziale Modell. Wie sieht Ihr soziales Modell für die digitale Gesellschaft aus?

Macron: Wir müssen neue Formen der Regulierung für die Globalisierung erfinden. Wir brauchen dabei mehr Flexibilität und Anpassungsfähigkeit, um mit dem Wandel Schritt zu halten. Das wiederum bedarf neuer, personalisierter Formen der sozialen Absicherung.

Blume: Das klingt für viele Westeuropäer nach Sozialabbau.

Macron: Viele junge Leute, die auf den Arbeitsmarkt drängen, finden heute als Selbstständige leicht ihre

Kunden, aber nicht unbedingt eine feste Stelle. Deshalb ermöglichen wir heute in Frankreich Seiteneinstiege. Viele Arbeiter und Angestellte in den nicht technologieintensiven Betrieben stehen heute vor tiefgreifenden Veränderungen. Da hilft ihnen nur Weiterbildung. Wenn wir aber, statt in die Menschen zu investieren, ihre Arbeitsplätze schützen, werden wir bald europaweit eine Generation von müden, gestressten 40- bis 50-Jährigen haben, denen ihr Job missfällt und deren Unternehmen in der Krise stecken. Das neue Modell verlangt von allen Veränderungsbereitschaft. Doch dabei wird der Einzelne durch Bildung und wechselnde Berufserfahrungen gestärkt.

Blume: Geht das nicht alles weit über den Einflussbereich der Politik hinaus?

Macron: Die Politik muss mehr an die Outsider und viel radikaler denken, um den Veränderungen vorzugreifen.

Blume: Auf dem Platz der Republik hier in Paris fordert eine neue Protestbewegung ein Bürgereinkommen für alle. Sind Sie einverstanden?

Macron: Wir befinden uns, was unser Sozialmodell betrifft, in einer uneingestandenen Übergangsphase. Wir verlassen das alte Modell Bismarcks, in dem man seine sozialen Rechte über die Arbeit erwarb. Das neue Modell muss dagegen universaler sein. Die alte Einheit zwischen Zeit, Ort und Handeln bei der Arbeit existiert nicht mehr. Das Unternehmen bildet nicht mehr den Rahmen. Der Einzelne wird viel öfter Status, Branche und Beruf wechseln. Er wird mal mehr, mal weniger arbeiten, auch im späteren Leben Ausbildungen durchlaufen. Für all das bedarf es eines neuen Gesellschaftsvertrages zwischen Reich und Arm, Unternehmen und Gewerkschaften, Staat und Bürger.

Blume: Schon Jean-Jacques Rousseau hatte einen neuen Gesellschaftsvertrag gefordert. Ohne Erfolg.

Macron: Aber genau in diese Richtung müssen wir gehen. Hin zu einem Modell von kollektivem Fortschritt, welches über die traditionelle Angestelltengesellschaft hinausgeht.

Blume: So weit die Theorie. Tatsächlich sind 90 Prozent der Franzosen von einem Lohnarbeitsverhältnis abhängig.

Macron: Aber sie denken nicht mehr wie früher die Angestellten in einem lebenslangen Arbeitsverhältnis. Darauf müssen wir reagieren.

Blume: Als einer der wenigen in Frankreich sprechen Sie von einem »deutschen Modell«.

Macron: Ich sehe das deutsche Modell als ein Bündnis: Alle im Unternehmen sitzen an einem Tisch, haben dort ihren Platz. Das ist das Grundprinzip der deutschen Mitbestimmung. Es durchbricht die völlige Unterordnung unter die Kapitalinteressen, die in Frankreich noch in den Firmenstatuten steht. Deutschland ist hier seit langem ein Schritt in die soziale Marktwirtschaft gelungen, der für mehr Transparenz im Unternehmen sorgt und eine stärkere horizontale Kooperation verlangt, die nicht nur dem technologischen Wandel, sondern dem Emanzipationsbedürfnis des Einzelnen entspricht. Das Unternehmen wird dadurch komplexer, im positiven Sinne.

Blume: Ihre Landsleute fürchten eben diese Komplexität und wünschen sich alte Zeiten zurück.

Macron: Die Franzosen begreifen, was Globalisierung ist – nur bedeutet das nicht, dass sie sie akzeptieren. Das ist das französische Paradox: Wir leben mit einem hohen universalistischen Anspruch und haben trotzdem Angst vor der Welt. Man könnte auch sagen: Wir haben das Universale so lange geliebt, wie wir es selbst verkörperten. Doch seit ein paar Jahrzehnten fällt es uns schwer, uns dem Lauf der Welt anzupassen. Im Grunde sind sich die Franzosen bewusst, dass es so nicht weitergeht, sie fürchten aber die Deklassierung. Aber Angst vor Veränderung ist nicht zu verwechseln mit dem Mangel an Erkenntnis. Umso klarer müssen wir unsere neuen Ziele und die Wege dorthin erklären. Doch stattdessen hören viele Politiker nicht auf, das französische Modell als das beste der Welt zu preisen. Nichts ist schlimmer.

Blume: Bedarf es gleich einer neuen politischen Kraft, um damit Schluss zu machen?

Macron: »En Marche« ist eine politische Bewegung, die von Anfang an so vielen Menschen wie möglich offenstehen soll. Es gibt keinen Mitgliedsbeitrag und man kann auch weiterhin anderen politischen Gruppierungen angehören. Wir wollen aufzeigen, was gut geht, aber worüber man nie ausreichend spricht. Wir wollen neue Talente für die öffentliche Verwaltung holen. Bei den großen Themen spielt es heute kaum eine

Rolle, ob man links oder rechts steht. Globalisierungs- und Europagegner gibt es auf beiden Seiten. Zudem erlaubt das französische Präsidialsystem nicht, wie in Deutschland nach einer Wahl Kompromisse zwischen linker und rechter Mitte zu finden. Also bedarf es vor der Wahl eines neuen Angebots. Deshalb sagen wir, dass »En Marche« weder links noch rechts ist. Der Graben zwischen Fortschrittlichen und Konservativen verläuft nicht mehr zwischen den alten Lagern, und deshalb kann nur eine neue Kraft fortschrittliche Politik verkörpern.

Blume: Sie klingen mal wie Apple-Gründer Steve Jobs, mal wie der vor Jahrzehnten verstorbene EU-Gründer Jean Monnet – und am Ende bringen Sie beides unter einen Hut?

Macron: Ich versuche, frei und realistisch zu reden, weil es die aktuellen Veränderungen verlangen. Zugleich bedarf es eines Denkens, das weit über das eigene Handeln, die öffentliche Meinung und das nationale Interesse hinausgeht. Hier waren die Europa-Gründer wie Jean Monnet Vorbilder.

Blume: Könnten Sie sich vorstellen, dass sich die französische und die deutsche Regierung auf einen Kompromiss einigen, der so aussehen würde, dass Deutschland eine Vergemeinschaftung der Schulden in der Euro-Zone akzeptiert und Frankreich im Gegenzug auf Souveränitätsrechte verzichtet? Das würde ja ein erster Schritt hin zu einer gemeinsamen Wirtschafts-, Fiskal- und Sozialpolitik sein.

Macron: Jeder muss Tabus angehen. Voraussetzung dafür sind gegenseitiges Vertrauen und eine echte demokratische Debatte. Frankreich etwa scheut den Souveränitätsentzug, Deutschland die Aufgabe seiner Finanzautonomie. Ich sage: Machen wir beides! Aber in einem organisierten, für unsere Bürger transparenten Rahmen vor den nächsten Wahlen. Indem man den Franzosen sagt, dass eine stärkere Integration in die Eurozone das einzige Mittel ist, um zu einer effizienten Wachstumspolitik zurückzufinden. Indem man den Deutschen erklärt, dass es in ihrem Interesse liegt, wenn es den Ländern Südeuropas besser geht, und dass man deshalb diese Länder bei der Umsetzung von Reformen auch finanziell unterstützen muss. Wobei ich überzeugt bin, dass man über die Wirtschaftsfragen hinausgehen muss. Wenn man Deutschland klar macht, dass es in der Flüchtlingskrise vom Rest Europas unterstützt wird, wenn man den Franzosen versichert, dass wir die europäischen Grenzen unter Kontrolle haben und die Sicherheit gewährleistet ist, dann schafft das neues Vertrauen und wir könnten gemeinsam in allen wichtigen Fragen einen Schritt weitergehen.

Blume: Glauben Sie, es gibt eine echte Chance, dass sich die Franzosen auf die Perspektive einer solch verstärkten Eurozone bis hin zu einer politischen Union als Alternative zum Rechtspopulismus und der Politik Großbritanniens einlassen?

Macron: Das ist im Prinzip das gleiche Problem. Wenn Sie heute die Franzosen fragen: »Wollt ihr mehr Europa, mehr Integration?« werden sie, wie die anderen

Europäer auch, ganz bestimmt mit Nein antworten. Weil die Frage zu abstrakt ist, und weil man die Absicht dahinter nicht ausreichend erklärt. Weil Europa mit Krise verbunden wird. Wenn man aber aufzeigt, dass Europa genau die richtige Ebene ist, um die Probleme anzupacken, dass die Europäer im Grunde die gleichen Vorlieben haben, und dass Europa effizient sein kann, dann jagt Europa den Menschen nicht länger Angst ein. Lasst uns weiter gehen, als bloße Parolen verheißen! Zeigen wir den Leuten eine Vision mit konkreten Vorschlägen auf und sie werden uns folgen! Die Franzosen sind wagemutiger, als man glaubt.

Das Interview erschien in gekürzter Form in der *Zeit* vom 28. April 2016.

Mehr Freundschaft wagen

Deutschland und Frankreich haben es in der Hand, die Europäische Union wiederzubeleben – wenn sie gemeinsame Politik ohne nationale Egoismen machen

Von Alain Minc und Gerhard Schröder

Als der ehemalige Bundeskanzler Gerhard Schröder den französischen Spitzenökonomen und Bestsellerautor Alain Minc am 13. April 2016 in Hannover in das italienische Restaurant »Roma« am Leine-Ufer lud, lag der Verständigungsprozess schon hinter den beiden. Sigrid Krampitz, die sieben Jahre lang Bürochefin Schröders im Bundeskanzleramt war und bis heute sein Berliner Büro leitet, und ich hatten das Treffen angeregt. Zuvor hatte ich Minc mehrmals in Paris interviewt und seine Gedanken in Deutsch aufgeschrieben. Schröders Büro hatte zusätzliche Ideen geliefert. Dann sprach Schröder am Morgen des 13. April in seiner Hannoverschen Kanzlei zwei Stunden mit Minc, in denen beide die wesentlichen Gedanken des späteren gemeinsamen Thesenpapiers formulierten. Beide sahen lange vor dem Brexit und der Wahl Trumps eine histo-

rische Herausforderung auf das deutsch-französische Tandem im Wahljahr 2017 zukommen. Als Politik-Profis wussten sie, dass Paris und Berlin ihr nach den Wahlen in beiden Ländern nur gerecht werden könnten, wenn dann schon Pläne in der Schublade liegen. Einen solchen Plan wollten sie rechtzeitig vor dem Wahljahr mit ihrem Thesenpapier vorlegen.

Das deutsch-französische Verhältnis war stets Dreh- und Angelpunkt der europäischen Integration. Die Überwindung der historischen Rivalität – der »Erbfeindschaft« – durch Präsident de Gaulle und Kanzler Adenauer war der Ausgangspunkt für die europäische Einheit. Das macht die historische Bedeutung des Elysee-Vertrages von 1963 aus.

Für die Mehrheit der Menschen ist die deutsch-französische Freundschaft heute selbstverständlich; so selbstverständlich wie es das Leben in einem Europa ohne wirkliche Grenzen bis vor wenigen Monaten war. Dieses Leben ohne Grenzen ist heute bedroht. In jeder Selbstverständlichkeit lauert die Gefahr der Gewöhnung. Die Freundschaft zwischen Deutschland und Frankreich darf kein Selbstzweck sein, sondern muss sich ständig erneuern. Das Erbe de Gaulles und Adenauers muss daher vor der Bundestagswahl und der Präsidentschaftswahl in Frankreich, beide im Jahr 2017, neu definiert werden. Der Freundschaftsvertrag beider Länder muss durch neue Impulse ergänzt werden, damit das europäische Projekt nicht scheitert.

Europa steht vor großen Herausforderungen. In Nordafrika und im Nahen und Mittleren Osten herrschen blutige Kriege, die Millionen von Menschen in die Flucht treiben. In der Ukraine registrieren wir einen schweren Konflikt, der negative Auswirkungen auf das europäisch-russische Verhältnis hat. Die Krise der europäischen Währung ist nicht überwunden. Und innerhalb der Europäischen Union erstarken die Kräfte der Desintegration und der Renationalisierung. Fürchten müssen wir uns vor dem um sich greifenden nationalen Egoismus in Europa. Wir brauchen daher wieder mehr gemeinsames Handeln in Europa statt nationaler Abgrenzung und Alleingänge. Dafür müssen Deutschland und Frankreich voran gehen – für mehr statt weniger Europa.

Deutsche und Franzosen wissen vor dem Hintergrund ihrer gemeinsamen blutigen Geschichte, dass die Vereinigung Europas ein Segen für unseren Kontinent war und ist. Frieden auf unserem Kontinent und Frieden zwischen unseren Völkern zu schaffen, war die Gründungsidee des vereinigten Europas. Wohlstand zu sichern und die Lebensstandards in ganz Europa anzugleichen, war das Ziel der Wirtschaftsgemeinschaft. Und nicht zuletzt war es der Sinn der politischen Union, dass Europa in Zeiten der Globalisierung mit einer Stimme spricht und einheitlich nach außen handelt.

All das hat heute nichts an Bedeutung verloren – im Gegenteil: In den vergangenen Wochen und Monaten ist klar geworden, dass diese Ziele aktueller und wichtiger denn je sind. Die Attentate in Frankreich und Belgien haben uns vor Augen geführt, dass wir den Terrorismus entschieden und geschlossen bekämpfen müssen.

Ebenso gilt es, die Flüchtlingsbewegungen in Europa zu steuern und zu begrenzen. Wir müssen zu einem partnerschaftlichen Verhältnis zu Russland zurückfinden. Und wir müssen die europäische Integration fortsetzen.

Ausgangspunkt aller Überlegungen zur Zukunft Europas ist die Feststellung, dass sich die USA politisch von Europa entfernen. Die Koordinaten in der internationalen Politik verschieben sich nicht zugunsten unseres Kontinents: Länder wie Brasilien, Indien und China gewinnen wirtschaftlich und politisch an Macht. Der Aufstieg dieser Staaten verändert auch das transatlantische Verhältnis. Die USA definieren ihre Rolle als »pazifische Nation«, die stärker auf Asien als auf Europa ausgerichtet ist. Das bedeutet, dass Europa aus eigener Kraft um seine politische Zukunft kämpfen muss.

Und dabei gilt: im globalen Wettbewerb ist ein Nationalstaat alleine zu schwach, um wirtschaftlich wie politisch mithalten zu können. Aus dieser Feststellung gibt es nur eine Schlussfolgerung: Deutschland und Frankreich müssen wieder zur Antriebskraft in Europa werden und eine engere Kooperation anstreben, mit dem Ziel, Europa zu stärken.

Dabei sind einige Voraussetzungen zu erfüllen; von beiden Ländern. So hat sich Deutschland wirtschaftlich in den letzten Jahren sehr gut entwickelt. Dies ist das Ergebnis einer konsequenten Reformpolitik zu Beginn der 2000er Jahre. Der Arbeitsmarkt wurde flexibilisiert, die Sozialsysteme reformiert und die Steuern für Arbeitnehmer und Unternehmen gesenkt.

Deutschland hat heute eine höhere Beschäftigungsquote und niedrigere Arbeitskosten als Frankreich. Seit 2001 ist die Beschäftigungsquote in Deutschland von rund 69 Prozent auf mehr als 77 Prozent gestiegen, während sie in Frankreich in diesen Jahren bei 68 bis 70 Prozent verharrte. Die Arbeitskosten stiegen zwischen 2004 und 2012 in Deutschland um 14 Prozent, in Frankreich jedoch um 21 Prozent an. Doch nun beginnt sich, das Bild zu verschieben. Die Arbeitskosten in beiden Ländern nähern sich durch Lohnerhöhungen in Deutschland wieder an. Im verarbeitenden Gewerbe, das besonders stark im internationalen Wettbewerb steht, kostete 2015 eine Arbeitsstunde in Deutschland bereits mehr als in Frankreich. Die Unterschiede zwischen Deutschland und Frankreich sind also geringer als noch vor fünf Jahren.

Nun steht Frankreich vor Reformherausforderungen. Erste Schritte sind getan. Unternehmen wurden steuerlich entlastet und staatlich reglementierte Märkte wurden liberalisiert. Auch die im Frühjahr 2016 vorgestellten Arbeitsmarktreformen weisen in die richtige Richtung. Das deutsche Beispiel zeigt, dass nur durch eine mutige Reformpolitik Beschäftigung ausgebaut und soziale Gerechtigkeit erhalten wird. Denn in Folge der Agenda 2010 ist die Arbeitslosigkeit in Deutschland, im Gegensatz zu fast allen anderen europäischen Staaten, stark zurückgegangen und zugleich konnten die Sozialsysteme finanziell stabilisiert werden.

Wir sind fest davon überzeugt, dass Frankreich seine wirtschaftliche Schwäche überwinden wird und dass sich die Stärke beider Volkswirtschaften wieder annähern wird. Und dies nicht nur, weil Frankreich in einen Reformprozess eingetreten ist, während Deutschland sich in einer Phase der Reformmüdigkeit befindet und die Integration der großen Zahl von Flüchtlingen in Deutschland erhebliche Anstrengungen erfordern wird. Sondern vor allem, weil Frankreichs Wirtschaft langfristig aufgrund der demographischen Entwicklung Vorteile hat.

Die Bevölkerungsprojektion der Europäischen Kommission sagt für beide Länder sehr unterschiedliche Entwicklungen voraus. Frankreich hat eine der höchsten Geburtenraten in Europa, Deutschland eine der niedrigsten. Bis zum Jahr 2050 wird die Bevölkerung Frankreichs um 7,7 Millionen ansteigen, während sie in Deutschland in diesem Zeitraum um 8,2 Millionen sinken wird. Im Jahr 2050 werden prognostiziert in beiden Staaten rund 75 Millionen Menschen leben. Aber Frankreich wird dann eine jüngere Bevölkerung haben, ein höheres Arbeitskräftepotenzial besitzen und weniger für seine Sozialsysteme ausgeben. Die demographische Entwicklung spricht für Frankreich.

Aus deutscher Sicht spricht daher vieles dafür, auf die negative demographische Entwicklung zu reagieren: durch eine moderne Familienpolitik – hier kann Deutschland von Frankreich lernen –, durch weitere Rentenreformen, die auf eine Verlängerung der Lebensarbeitszeit zielen und durch ein neues Zuwanderungsgesetz, das Migration zielgerichtet steuert.

Aus französischer Sicht spricht vieles dafür, die angestoßenen Reformen fortzusetzen. Der unflexible Arbeitsmarkt verhindert eine Beschäftigungsdynamik und ist gerade für die junge Generation ein Nachteil. Nur durch eine strukturelle Reformpolitik wird es möglich sein, höheres Wirtschaftswachstum zu erzeugen, die hohen Staatsausgaben zu senken und das Niveau der Arbeitslosigkeit, insbesondere der sehr hohen Jugendarbeitslosigkeit, nachhaltig zu verringern.

Es wäre unter diesen Voraussetzungen ein Irrtum zu glauben, Deutschland sei die zentrale »Wirtschaftsmacht« in Europa. Beide Staaten haben Stärken und Schwächen. Beide Staaten können voneinander lernen und voneinander profitieren. Nur zusammen sind sie in Europa und über Europa hinaus ökonomisch stark. Nur zusammen können demographische und strukturelle Nachteile ausgeglichen werden. Dies setzt aber eine weitere Angleichung der Wirtschafts-, Fiskal- und Sozialpolitik in beiden Staaten, optimaler Weise in der gesamten Euro-Zone, voraus. Deshalb müssen wir die nationalen Gesetzgebungen Deutschlands und Frankreichs, etwa im Steuerrecht, weiter harmonisieren.

Auch in der Außen- und Sicherheitspolitik sind Voraussetzungen zu erfüllen, damit Deutschland und Frankreich eine europäische Führungsrolle übernehmen können. Frankreich hat in den vergangenen Jahren seine starke strategisch-militärische Rolle unter Beweis gestellt und auf zahlreichen Feldern eine Führungsrolle übernommen. Dies gilt für den internationalen Einsatz in Syrien, ebenso wie für den Einsatz in Mali. Frankreich hat starke militärische Fähigkeiten. Das Land ist ständiges Mitglied im UN-Sicherheitsrat mit Vetorecht und Nuklearmacht, das einen Schutz für Europa und im Rahmen des transatlantischen Bündnisses bietet.

Deutschland sieht sich vor dem Hintergrund seiner geschichtlichen Erfahrungen stärker als eine Zivilmacht. Es ist gut, dass Deutschland mit seiner militärischen Tradition, die so viel Leid über ganz Europa gebracht hat, gebrochen hat. Nach der Wiedervereinigung hatte Deutschland zwar seine staatliche Souveränität wiedergewonnen, aber in der Realität in den 1990er-Jahren außen- und sicherheitspolitisch nicht ausgefüllt. Erst mit dem Kosovo-Einsatz 1998 und dem Afghanistan-Einsatz 2001, aber auch mit dem gemeinsamen deutsch-französischen Nein zum Irak-Krieg hat Deutschland begonnen, diese Rolle anzunehmen. Eingebettet in Bündnisstrukturen kann und darf Deutschland bei internationalen Fragen und Konflikten nicht abseits stehen.

Deutschland und Frankreich haben in den vergangenen Jahren bewiesen, dass sie international eine starke Rolle spielen können, wenn sie gemeinsam agieren. Das war so während des Irak-Krieges, bei der Bewältigung der Euro-Krise und aktuell im Syrien- und Ukraine-Konflikt.

In den nächsten Jahren wird Frankreich ökonomisch stärker, ebenso wie Deutschland in der internationalen Politik eine noch stärkere Rolle als bisher spielen wird. Niemand in Europa muss diese Entwicklungen fürchten. Weder Deutschland noch Frankreich wollen und können eine Hegemonie anstreben. Es geht nicht um ein »französisches Europa« oder »deutsches Europa« –

sondern es geht um das Europa von uns allen. Beide agieren politisch und wirtschaftlich in und für Europa. Aber aufgrund unserer wechselvollen Geschichte sind Deutschland und Frankreich zur Freundschaft und zur europäischen Integration verpflichtet. Und aus dieser Verpflichtung erwächst eine Verantwortung für eine gemeinsame Führung in Europa.

Dies gilt umso mehr, als unsere Partner in Europa aus innenpolitischen Gründen geschwächt sind. Polen wendet sich zunehmend vom europäischen Projekt ab. Spanien fehlt noch die wirtschaftliche Stärke und die politische Stabilität. Italien ist noch im Prozess, seinen Reformrückstand politisch mutig aufzuholen. Großbritannien hat seine europäische Rolle in Frage gestellt und trifft viele politische Entscheidungen in starker Abhängigkeit von den USA.

Es bleiben zurzeit nur Deutschland und Frankreich, um politische Führung in Europa zu übernehmen. In der Europäischen Union mit ihren 28 Mitgliedstaaten braucht es diese Führung. Und die Vergangenheit hat gezeigt, dass Fortschritte dann möglich sind, wenn Deutschland und Frankreich sich einig sind und Kompromisse finden, die in allen EU-Staaten mehrheitsfähig sind.

Bei der Bewältigung der Krise der europäischen Gemeinschaftswährung ist diese Kompromissfindung in enger Zusammenarbeit der deutschen und der französischen Regierungen gelungen. Wir halten es aber nun für erforderlich, dass der grundlegende Strukturfehler der Währungsunion – die fehlende Koordinierung der

Wirtschafts- und Finanzpolitik in der Euro-Zone – behoben wird.

Präsident Mitterrand und Kanzler Kohl hatten bei der Schaffung des Euro zwei Grundgedanken: Sie wollten das vereinigte Deutschland mit einer gemeinsamen Währung politisch enger in Europa einbinden. Und sie gingen davon aus, dass die Gemeinschaftswährung die politische Union in Europa erzwingen würde. Beide Grundgedanken lassen sich in Zukunft realisieren, wenn es in dem gemeinsamen Währungsraum eine gemeinsame Finanz-, Wirtschafts- und Sozialpolitik gibt. Auch wenn Veränderungen des europäischen Rechts äußerst schwierig umzusetzen sind, glauben wir an Fortschritte. Deutschland und Frankreich können sie erreichen.

Der Elysee-Vertrag von 1963 ist die Basis der deutsch-französischen Freundschaft. Zahlreiche Institutionen und Kooperationen füllen ihn mit Leben, zum Beispiel das Deutsch-Französische Jugendwerk und die Deutsch-Französische Hochschule. Auch auf Regierungsebene ist die Zusammenarbeit eng und vertrauensvoll, etwa im Deutsch-Französischen Ministerrat oder im Deutsch-Französischen Finanz- und Wirtschaftsrat.

Diese vorhandenen Institutionen müssen gestärkt werden. Ein engerer Austausch und eine vertiefte Abstimmung zwischen Deutschland und Frankreich sollten durch eine Ergänzung des Elysee-Vertrages geregelt werden.

Folgende Punkte schlagen wir vor:

- Beide Regierungen benennen jeweils einen Minister für die deutsch-französische Kooperation. Diese Minister haben das Recht, an den Sitzungen sowohl des französischen als auch des deutschen Kabinetts teilzunehmen; ohne Stimmrecht, aber mit Rederecht. Sie sind für die vertiefte Abstimmung insbesondere in außen-, europa- und sicherheitspolitischen Fragen verantwortlich.
- Beide Regierungen verpflichten sich, nur noch mit einer gemeinsamen Position in den Gremien der Europäischen Union aufzutreten. Für diese Abstimmung sind die Minister für die deutsch-französische Kooperation zuständig.
- Beide Regierungen können sich bei Bedarf in den europäischen Gremien gegenseitig vertreten und für den jeweils anderen abstimmen.
- Beide Regierungen bündeln in der Außen- und Sicherheitspolitik ihre Fähigkeiten und Ressourcen. Als ständiges Mitglied des UN-Sicherheitsrates verpflichtet sich Frankreich vor Stellungnahmen und Abstimmungen im Sicherheitsrat Deutschland zu konsultieren sowie eine gemeinsame Position zu finden. Deutsche und französische Streitkräfte sollen im Rahmen der europäischen Verteidigungspolitik noch enger kooperieren können.
- Beide Regierungen erarbeiten einen gemeinsamen Aktionsplan *(Weißbuch?)* zur Gestaltung der europäischen Zukunft. Sie erklären es zu einem gemeinsamen Ziel, die Euro-Zone zu einer Wirtschafts-, Finanz- und Fiskalunion fortzuentwickeln.

■ Beide Regierungen wollen einen gemeinsamen deutsch-französischen Kulturraum schaffen, der der Nukleus für eine europäische Öffentlichkeit bilden soll. Dazu ist eine weitere Vertiefung der Zusammenarbeit im Kultur-, Bildungs- und zivilgesellschaftlichen Bereich notwendig. An den Schulen muss dafür die Sprache des jeweils anderen Landes gelehrt und gelernt werden. Die Tendenz, diesen Sprachunterricht zu reduzieren, muss umgekehrt werden.

Deutschland und Frankreich wissen aus ihrer Geschichte, welche zerstörerische Kraft Rivalität, Nationalismus und die Ausgrenzung von Fremden entwickeln kann. Das gemeinsame Europa war, ist und bleibt die Antwort auf diese Herausforderung. Wer glaubt, dass Unfrieden auf dem europäischen Kontinent nicht mehr möglich ist, der irrt. Nichts, was im Elysee-Vertrag festgeschrieben wurde, ist für ewig. Alles muss immer wieder aufs Neue erkämpft werden.

Das ist die Verantwortung der politisch Handelnden in unseren beiden Ländern.

Das ist die Verantwortung der demokratischen Kräfte in unseren beiden Gesellschaften.

Das ist die Verantwortung aller, die für Frieden und Sicherheit auf unserem Kontinent einstehen.

Der Text erschien in gekürzter Form in der *Zeit* vom 07. Juli 2016 und in *Le Monde* vom 09. Juli 2016.

Körber Stiftung

Gesellschaft
besser machen

Mehr Bäume.
Weniger CO₂.

www.cpibooks.de/klimaneutral

MIX
Papier aus verantwor-
tungsvollen Quellen
FSC® C083411